C.H.BECK WISSEN

in der Beck'schen Reihe

Keine andere Lehre hat das chinesische Denken und die chinesische Geschichte stärker geprägt als der Konfuzianismus. Pietät ist ihm zufolge die Grundlage des Familienlebens wie des Staates; dieser beruht wiederum auf dem Leben der Familie. Die «Fünf Beziehungen» zwischen Fürst und Staatsdiener, Vater und Sohn, Mann und Frau, älterem und jüngerem Bruder, Freund und Freund werden bestimmt durch die Tugenden der Menschenliebe, der Gerechtigkeit und Ehrerbietung. Diese äußert sich in der Achtung des Ererbten, der Riten, der Musik und geht in der Verehrung der Ahnen über den Tod hinaus. – Hans van Ess beschreibt in diesem Buch anschaulich das Leben des Konfuzius, der vor rund 2500 Jahren geboren wurde, und erläutert seine Grundgedanken. Von hier aus verfolgt er die Geschichte dieser Geistestradition bis in die Gegenwart und erklärt ihre religiösen, philosophischen und politischen Aspekte.

Hans van Ess ist Professor für Sinologie an der Ludwig-Maximilians-Universität München. Seine Forschungsschwerpunkte liegen im Bereich der chinesischen Geistesgeschichte, insbesondere der konfuzianischen Tradition und der alten chinesischen Historiographie. Bei C. H. Beck hat er die von Wolfgang Bauer verfaßte *Geschichte der chinesischen Philosophie* (2001) herausgegeben.

Hans van Ess

DER KONFUZIANISMUS

Verlag C. H. Beck

Mit 4 Abbildungen und 1 Karte

Originalausgabe

Gesamtherstellung: Druckerei C. H. Beck, Nördlingen
Umschlagmotiv: Chinesisches Zeichen für «Konfuzius»
Umschlagentwurf: Uwe Göbel, München
Printed in Germany
ISBN 3 406 48006 3

www.beck.de

Inhalt

Abkürzungen

LY Lun-yü
MT Meng-tzu

Vorwort

Der Wirtschaftsboom in einigen ostasiatischen Staaten in den achtziger Jahren hat viele Beobachter überrascht. Um ihn zu erklären, wurde eine chinesische Kulturform aus der Versenkung geholt, die von manchen nach den Stürmen des 20. Jahrhunderts bereits für tot erklärt worden war: der Konfuzianismus. Doch was die Inhalte dieses Konfuzianismus sein sollten, blieb zumeist unklar. Kein Wunder: Denn obwohl China immer wieder eine konfuzianische Seele zugeschrieben wurde, ist umstritten, was der Konfuzianismus eigentlich ist. Die Frage ist nicht leicht zu beantworten, da Konfuzianer verschiedener Epochen sich nicht durch einen gemeinsamen Lebensentwurf auszeichnen.

Im deutschsprachigen Raum ist die klassische, immer noch lesenswerte Darstellung zum Konfuzianismus nach wie vor diejenige von Richard Wilhelm, dem Sinologen und bedeutendsten Übersetzer klassischer Texte der frühen chinesischen Philosophie. Sie besteht allerdings nur aus einer Übersetzung der frühesten Vita des Konfuzius, den wichtigsten Texten über Leben und Denken des Meisters sowie einigen Textproben. Zahllose Konfuziusbiographen, darunter nicht nur berufene, sind Wilhelm in dieser Herangehensweise gefolgt. Der vorliegende Band versucht demgegenüber, die konfuzianische Tradition von den Anfängen bis zur Gegenwart als Ganzes zu erfassen. Dabei lassen sich drei oder vier Entwicklungsphasen feststellen: Die erste kann man mit der Entstehung bei Konfuzius und seinen Nachfolgern vor der Gründung des Kaiserreichs zu Ende des 3. Jahrhunderts v. Chr. ansetzen. Es folgt zweitens eine lange Phase bis etwa zum 10. Jahrhundert. In dieser Zeit scheint die Kenntnis der kanonischen Schriften, welche in der Schule des Konfuzius gepflegt worden war, für die Moralvorstellungen einer verhältnismäßig kleinen Beamtenelite und vor allem für den Zugang zur Bürokratie bedeutsam gewesen zu sein. Ab dem 11. Jahrhundert beginnt die dritte Phase, diejenige der allmählichen Durchdringung Chinas mit Ideen, die zwar nicht ausschließlich auf Konfuzius zurückgehen, sondern vielfach wesentlich späteren Ursprungs sind, die sich aber dennoch maßgeblich auf Konfuzius berufen. Als eine vierte Phase schließlich lassen sich die Entwicklungen nach dem Sturz des Kaiserreichs im Jahre 1911 beschreiben.

Das Wort «Konfuzianismus» stammt aus dem Jesuitenlatein. Seine chinesische Wurzel setzt sich zusammen aus dem Nachnamen «K'ung» (oder: Kong) und dem Wort «fu-tzu», das als ehrende Anrede und auch in der respektvollen Sprache über einen Wissenden in der Bedeutung von «Meister» verwendet wird. Ironischerweise ist die Zusammensetzung «K'ung fu-tzu» im klassischen Chinesisch überaus selten und kommt von einigen wenigen Ausnahmen abgesehen in der Literatur erst ab dem 12. Jahrhundert vereinzelt vor. Eigentlich taucht sie erst um die Wende vom 16. zum 17. Jahrhundert regelmäßiger auf, als die ersten Jesuiten sich bereits in China aufhielten. Sprach ein gebildeter Chinese von Konfuzius, dann sagte er zumeist einfach «K'ung-tzu», was ebenfalls «Meister Kung» bedeutet, oder er sprach von «fu-tzu» oder gar nur «tzu», also einfach vom «Meister». Wahlweise standen ihm verschiedene andere Namen und Beinamen zur Verfügung. «K'ung fu-tzu» jedoch klang den meisten Literaten offensichtlich zu überhöht. Wahrscheinlich hatte der jesuitische «K'ung fu-tzu» zunächst einen eher kindlich-volkstümlichen, zumindest aber umgangssprachlichen Beigeschmack. In der Tat kam es etwa zum selben Zeitpunkt, da sich dieser Name durchzusetzen begann, auch zu einer Veränderung in der Verehrung des Konfuzius, die nun von einer viel breiteren Bevölkerung getragen wurde als zuvor.

Auf jeden Fall hängt der Begriff des Konfuzianismus, den alle europäischen Sprachen übernommen haben, für den es im Chinesischen jedoch erst seit dem 20. Jahrhundert ein Äquivalent gibt, mit dem Meister selbst ursächlich zusammen. Darum hat eine Darstellung des Konfuzianismus mit Konfuzius und seiner Schule zu beginnen. Im Gegensatz zu den meisten anderen

Publikationen zu diesem Thema soll hier sein Denken jedoch einen relativ kleinen Raum einnehmen, um dafür dem selbständigen Wirken der konfuzianischen Gedanken und der Tradition des Konfuzianismus um so mehr Rechnung tragen zu können. Im Bewußtsein, daß künftige Forschung einiges, was hier gesagt ist, relativieren oder widerlegen mag, bietet dieser Band eine kurze Gesamtdarstellung konfuzianischer Ideen aus einem Zeitraum von 2500 Jahren. Dabei erweist sich, daß die gesamte Bandbreite des Konfuzianismus die Gedanken des Gründers weit hinter sich läßt.

I. Konfuzius und seine Nachfolger

1. Quellen zu Konfuzius

Wir sind über Biographie und Person des Konfuzius im wesentlichen durch Quellen informiert, die mehrere hundert Jahre nach seinen Lebzeiten abgefaßt wurden. Nur einige kurze Bemerkungen zur späten Karriere des Meisters macht das *Tso-chuan*, ein auf das 4. Jahrhundert v. Chr. zurückgehendes Geschichtswerk, das allerdings wohl eine Reihe von späteren Einsprengseln enthält. Ein Beispiel hierfür könnten moralisierende Kommentare sein, in denen manchmal Konfuzius selbst, manchmal auch ein nicht näher bezeichneter «Edler» Stellung zu bestimmten historischen Ereignissen bezieht. Seiner Form nach ist das *Tso-chuan* ein Kommentar zu der Chronik seines Heimatstaates Lu, den *Frühlings- und Herbstannalen* (*Ch'un-ch'iu*), die nach Ansicht der chinesischen Tradition in ihrem heutigen Aussehen das Werk des Konfuzius selbst sein sollen. Autor soll einer seiner Schüler namens Tso Ch'iu-ming (oder: Tso-ch'iu Ming) gewesen sein; dieser war in Sorge, weil nach dem Tode des Meisters die Schüler begannen, unterschiedliche Auffassungen über dessen Ansichten zu entwickeln.

Die *Gespräche des Konfuzius* (*Lun-yü*, LY) sind die wichtigste Quelle zu den Gedanken des Konfuzius. Sie setzen sich zusammen aus 20 Kapiteln zu 3 bis 49, durchschnittlich aber etwa 25 Abschnitten, die aus manchmal nur wenige Worte kurzen, bisweilen auch etwas ausführlicheren Aussprüchen des Konfuzius oder verschiedener seiner Schüler bestehen. Viele davon reflektieren ihren Entstehungsort: Es handelt sich um Gespräche, die in einem Schulkontext stattfanden. Der Text dürfte sein heutiges Aussehen im 2., vielleicht auch erst zu Beginn des 1. Jahrhunderts v. Chr. durch einen namentlich nicht bekannten Kompilator erhalten haben. Ab der Mitte des 1. Jahrhunderts v. Chr. häufen sich die Gelehrtenbiographien, in denen erwähnt ist, daß die betreffende Person in ihrer Jugend die *Gespräche des Konfuzius* studiert habe. Eines der großen Versäumnisse der westlichen Sinologie besteht darin, bisher noch keine philologisch saubere Edition dieses Textes erstellt zu haben – wie es zum Beispiel die Theologie mit der Bibel vorgemacht hat –, die es ermöglichen würde, die einzelnen Aussprüche in Zusammenhang zu allen Parallelstellen in der alten Literatur zu stellen. Nur so nämlich könnte es eines Tages einmal möglich sein, Aufschlüsse darüber zu gewinnen, was einzelne kryptische Aussprüche wirklich heißen sollten beziehungsweise welche tatsächlich auf Konfuzius zurückgehen mögen und welche ihm von späterer Hand zugedichtet worden sind. Auch die neuesten Versuche in diese Richtung müssen als gescheitert angesehen werden, da ihre Datierungskriterien nicht überzeugend schlüssig sind und eine sorgfältige philologische Übersetzung fehlt. Erst wenn diese Arbeit geleistet ist, werden wir in der Lage sein, abzuschätzen, was der Gründer des Konfuzianismus wirklich dachte und ob nicht viele der Aussprüche aus den *Gesprächen des Konfuzius* in Wahrheit ein Denken repräsentieren, das erst viele Jahrhunderte nach ihm aufkam.

Die erste Biographie des Meisters wurde in der zweiten Hälfte des 2. Jahrhunderts v. Chr. verfaßt, vielleicht nicht lange vor der Wende zum 1. Jahrhundert. Auf sie stützen sich fast alle gängigen Konfuziusdarstellungen, mißachten dabei aber zumeist, daß Ssu-ma Ch'ien, der Verfasser dieser Lebensbeschreibung und Autor des ersten hauptsächlich aus Biographien bestehenden chinesischen Geschichtswerkes, der *Aufzeichnungen des Historiographen* (*Shih-chi*), Konfuzius gegenüber möglicherweise skeptisch eingestellt war. Zumindest galt er seit dem Urteil eines Historiographen aus dem 1. Jahrhundert n. Chr. vielen traditionellen Gelehrten als Anhänger daoistischer Schriften und als Gegner der Konfuzianer. Ein Literat des frühen 19. Jahrhunderts verstieg sich sogar zu der Aussage, daß ein großer Teil der Konfuziusbiographie frei erfunden sei. Zwar ist dies wahrscheinlich übertrieben, doch ist dieser Quelle gegenüber einige Vorsicht geboten. Die von Ssu-ma Ch'ien verfaßte Biographie stützt sich in hohem Maße auf in den *Gesprächen des Konfuzius* enthaltene Aussprüche sowie solche aus vergleichbaren Texten der frühen Literatur und versucht, eine chronologische Abfolge in diese zu bringen, die aber nicht unbedingt korrekt sein muß.

Ebenfalls mit Vorsicht zu betrachten sind eine Reihe von zumeist nur noch bruchstückhaft als Zitate in späteren Kommentaren erhaltenen sogenannten apokryphen Texten der Zeit der Han (206 v. Chr.–220 n. Chr.), in denen Konfuzius göttliche Züge erhält. Großenteils ernstzunehmen sind hingegen die *Familiengespräche des Konfuzius* (*K'ung-tzu chia-yü*), die ähnliches Material enthalten wie die *Gespräche*. Die *Familiengespräche* sind zwar wahrscheinlich erst um die Wende vom 2. zum 3. Jahrhundert n. Chr. kompiliert worden, doch enthalten sie mit Sicherheit wenigstens einen Kern von sehr frühem Inhalt. Gleiches gilt für eine Reihe von Konfuziusanekdoten aus dem *Buch der Riten* (*Li-chi*). Aus der Zeit der Han gibt es weitere Anekdotensammlungen, die nicht auf Konfuzius fixiert sind, aber ebenfalls wahrscheinlich frühes Material über ihn enthalten. Diese sind bisher allerdings kaum untersucht.

2. Das Leben des Konfuzius

Konfuzius wurde in eine Zeit hineingeboren, die vom Verfall der Zentralmacht des Hauses der Chou-Könige gekennzeichnet war. Diese hatten zu Beginn ihrer Herrschaft am Anfang des 1. Jahrtausends v. Chr. Verwandte als Lehnsherren in verschiedenen Regionen des Landes eingesetzt. Im ostchinesischen Staate Sung jedoch hatten sie einen Fürsten installiert, der die Aufgabe hatte, als Nachfahre der Vorgängerdynastie Shang deren Ahnenopfer fortzuführen. Hier lebten zu Beginn des 8. Jahrhunderts die ersten bekannten Träger des Namens K'ung als hohe Würdenträger. Sie unterlagen jedoch im Machtkampf gegen eine konkurrierende Familie und mußten in die Stadt Tsou im benachbarten Staat Lu umziehen, was vermutlich mit einem Statusverlust verbunden war; zunächst dürften die K'ung keine Würdenträger mehr gewesen sein.

Obwohl schon das *Tso-chuan* den Konfuzius auf die Herrscher der Shang zurückführt, enthalten erst die *Familiengesprä-*

che des Konfuzius eine vollständige Genealogie des Meisters. Sie geben auch Aufklärung über die erstaunliche Bemerkung des Ssu-ma Ch'ien, Konfuzius sei die Frucht einer «wilden Vereinigung» seines Vaters mit seiner Mutter gewesen. Der Vater nämlich habe sich eine Nebenfrau genommen, da ihm bis dahin nur Mädchen beschieden gewesen seien. Tatsächlich habe die Nebenfrau einen Sohn mit Namen Meng-p'i und dem Großjährigkeitsnamen Po-ni (Älterer Ni) geboren, doch habe dieser, nachdem er erwachsen war, eine Fußkrankheit entwickelt, was ihn für die Fortführung der Familienopfer disqualifizierte.

Der nun schon recht betagte Vater sah sich nach einer zweiten Nebenfrau um. Nur die jüngste von drei Töchtern der ausersehenen Familie erklärte sich ihrem Vater gegenüber bereit, eine Ehe mit diesem Greis einzugehen. Dessen Ahnen hatten zwar zu den Nachfahren der Shang gehört, doch sein Vater und sein Großvater waren nur noch einfache Männer gewesen, so daß er offensichtlich keine gute Partie war. Das Mädchen fürchtete, wegen des hohen Alters ihres Mannes den gewünschten Sohn nicht beizeiten gebären zu können. Daher soll sie am Berge Ni-ch'iu gebetet und in der Folge den Konfuzius geboren haben, der den Namen Ch'iu (Hügel) erhielt, welcher sich nach einer Tradition auf eben dieses Gebet beziehen soll. Später bekam er, ebenfalls in Anlehnung an das Gebet seiner Mutter, den Großjährigkeitsnamen Chung-ni (Mittlerer Ni). Eine andere Tradition besagt, daß der Name Ch'iu eine Anspielung auf eine Verformung der Stirn des Konfuzius gewesen sei. In der Tat kommen solche Verweise auf körperliche Merkmale in der frühen chinesischen Namensgebung vor. Angeblich soll Konfuzius ein Hüne von Statur gewesen sein, die zweite Besonderheit, die über seine physische Gestalt berichtet wird. Der *Kung-yang* Kommentar zu den *Frühlings- und Herbstannalen*, der vielleicht noch vor dem 2. Jahrhundert vor unserer Zeit entstanden ist, datiert die Geburt des Konfuzius übrigens auf einen Tag, der im 20. Jahrhundert als der 3. Oktober 551 rekonstruiert worden ist, wenn auch andere Auffassungen die Jahre 552 oder 550 favorisieren.

Die «wilde Vereinigung», die bei Ssu-ma Ch'ien leicht als Hinweis auf eine illegitime Herkunft des Meisters zu verstehen ist, wird durch diese Geschichte umgedeutet zu einer rituell zwar nicht korrekten Verbindung – der Mann war bereits zu alt, um einen Hausstand zu gründen, die Frau eigentlich noch zu jung dafür –, die aber ihren schmählichen Charakter verloren hat, weil sie den Fortbestand der Ahnenopfer einer Familie sicherte, eines der höchsten Güter der chinesischen Tradition. Schon als Konfuzius drei Jahre alt war, soll sein Vater gestorben sein. Die Mutter, die das Grab geheimhielt, starb, als Konfuzius noch jugendlich war. Nach ihrem Tod fand er jedoch den rechten Ort heraus und begrub sie zusammen mit dem Vater.

Der Staat Lu, in den Konfuzius hineingeboren wurde, stand innerhalb der Hierarchie der altchinesischen Oikumene ganz weit oben. Sein erster Herrscher, der Herzog von Chou, war ein Bruder eines der Gründerkönige der Chou gewesen und hatte zum Dank für die loyale Ausführung der Regentschaft für einen minderjährigen König angeblich das Recht erhalten, sich in seinem Zeremoniell direkt an dasjenige des Herrscherhauses anzulehnen. Lu stand deshalb nach traditioneller Vorstellung rituell über allen anderen Lehnsstaaten. Ähnlich wie in Chou war allerdings zu Lebzeiten des Konfuzius auch in Lu den legitimen Herrschern die Macht entglitten. An ihre Stelle waren drei Familien getreten, die auf Söhne des Huan (reg. 710–693), des zweiten Herzogs von Lu der Frühlings- und Herbstperiode (771–481), zurückgingen. Die nächste unter diesen «Drei Huan» war die Familie Chi, in deren Diensten Konfuzius und später auch einige seiner Schüler zeitweise standen. Der Staat Lu verlor jedoch unter der Ägide der Drei Huan innerhalb des Staatenbundes, aus dem die chinesischen Mittellande damals bestanden, in hohem Tempo an Einfluß.

In vielerlei Hinsicht wichtig für die Tradition ist eine Geschichte, die besagt, daß Konfuzius in noch recht jungen Jahren eine Reise in die Chou-Hauptstadt unternommen habe, um dort die Riten oder aber die «Sitten» zu studieren. Was damit genau gemeint ist, geht aus den entsprechenden Textstellen nicht hervor. Vieles deutet darauf hin, daß das an dieser Stelle stehende, *li* ausgesprochene Zeichen, das in der Sinologie gerne mit «Ritual» oder «Ritus» übersetzt wird, ursprünglich den rituell korrekten Umgang mit den Opfern für die Ahnen bezeichnete und für die entsprechenden Zeremonien stand. Die «Riten», die Konfuzius dieser Geschichte zufolge lernte, sind wohl als konkrete zeremonielle Regeln für unterschiedliche Bereiche des menschlichen Zusammenlebens und für die Opferpraxis zu verstehen. Diese Praktiken waren am Sitz der nominell herrschenden Dynastie Chou vermutlich am besten zu lernen. In seinen *Gesprächen* äußert Konfuzius übrigens häufig Vorbehalte gegenüber diesen «Riten» – zu seinen Standardermahnungen gehört, daß die Beachtung zeremonieller Vorschriften leicht zur leeren Form entarten könne. Besser sei es, auf sie zu verzichten und statt dessen ehrlich zu sein.

Jedoch ist klar, daß das für den Konfuzianismus so zentrale Wort *li* diese enge Bedeutung zur Zeit des Konfuzius hinter sich gelassen hatte. Oft trägt es schon in alten Texten einen viel allgemeineren Sinn, nämlich denjenigen des Anstandes, der Sitte, des Normengerüstes, das die alte Gesellschaft angeblich zusammengehalten hatte. Auf dieses Normengerüst wurde gerne verwiesen, wenn sich ein Stärkerer gegenüber einem Schwächeren nicht an die vorgeblich seit Urzeiten gültigen Normen, die «Sitte», gehalten, sondern Eigeninteressen durchgesetzt hatte. In späteren Zeiten, als der Staat in China ein stärkeres Gewicht bei der gesellschaftlichen Gestaltung bekam, wurde diese «Sitte» häufig auch zur Verteidigung der auf Traditionsrechten basierenden Autonomie des einzelnen gegenüber den staatlichen Gesetzen zitiert. Mit «Riten» oder «Ritual» im europäischen Sinne hat das Wort *li* in diesem Kontext nicht viel zu tun. In diesem Punkt ist gerade die neuere sinologische Literatur oft begrifflich ausgesprochen unscharf. Das hat zu einiger Verwirrung und zu falschen Vorstellungen geführt. Die alte chinesische Gesellschaft ist nicht in dem Maße von Ritualität bestimmt gewesen, wie Übersetzungen und Sekundärliteratur der letzten Jahre, welche an jeder Stelle für das chinesische Wort *li* das Äquivalent «Riten» gebrauchen, den Eindruck erwecken möchten.

Da das Thema für den frühen Konfuzianismus von einiger Bedeutung ist, sei ein Beispiel angeführt, um zu belegen, was gemeint ist: Der Herrscher eines Staates erhielt in einer Notlage Nahrungsmittelhilfe seines Nachbarstaates, doch weigerte er sich, mit Gleichem zu antworten, als sich die Situation umkehrte. Der Fürst des Nachbarstaates begründete darauf seinen wenig später erfolgenden Angriff damit, daß der andere Fürst keinen Anstand (*li*) habe und man deshalb vor den göttlichen Mächten eine Strafaktion rechtfertigen könne. In einer englischsprachigen Publikation aus dem Jahr 1999 wird «keinen Anstand haben» übersetzt mit «he violated ritual» («er verletzte die Ritualität»). Dieses Bestreben nach einheitlicher Übersetzung des Begriffes *li* wirkt fast ein wenig komisch. Es verkennt den recht pragmatischen Charakter des Textes und ist für das allgemeine Publikum irreführend. Das Beispiel ist symptomatisch.

Die zeremoniellen Regeln, die in der alten Literatur nur eine Teilmenge des wesentlich weiteren Begriffes *li* sind, soll Konfuzius übrigens bei Lao-tzu gelernt haben, dem Gründerahnen der taoistischen Philosophie, der in der Hauptstadt als Archivar tätig war und den die chinesische Tradition eigentlich eher als Gegner des Beharrens auf der «Sitte» kennt. Bei ihm erhielt Konfuzius den Quellen zufolge zum ersten Mal Einblick in die sonst nicht frei im Reich verfügbaren Dokumente der Chou. Diese Reise soll sich formierend auf sein Denken ausgewirkt haben, und die Dokumente, die er zu Gesicht bekam, sollen später zu seinem Unterrichtsstoff geworden sein. Auch wenn diese Geschichte aus verschiedenen Gründen nicht sehr glaubhaft ist, hat das ihrer Popularität doch keinen Abbruch getan. Aus ihr hat sich im 20. Jahrhundert die These entwickelt, die Bedeutung des Konfuzius sei darin zu sehen, daß er der erste Gebildete (*ju*) gewesen sei, der als Erzieher von Schülern Materialien popularisierte, die zuvor nur einem kleinen Kreis von höfischen Beamten der Chou zugänglich gewesen seien.

Nach seiner Rückkehr nach Lu soll die zuvor kaum existente Schar der Anhänger des Konfuzius erstmals angewachsen sein. Einige Jahre später erhielt er eine Gelegenheit, seine Loyalität unter Beweis zu stellen. Herzog Chao von Lu (reg. 540–509) hatte versucht, gegen die Drei Huan vorzugehen, verlor die Auseinandersetzung mit ihnen jedoch und mußte außer Landes ins im Norden gelegene mächtige Ch'i fliehen. Konfuzius folgte ihm und bemühte sich, in Ch'i Anstellung zu finden. Der dort herrschende Minister indes sorgte dafür, daß der Herzog des Staates Ch'i ihn nicht «gebrauchen» konnte. Dies war die erste derartige Niederlage für Konfuzius in einer ganzen Reihe, die später noch folgen sollten. Der Historiograph Ssu-ma Ch'ien legt übrigens ganz offensichtlich großen Wert darauf darzustellen, wie frustrierend diese Erfahrungen für den Meister gewesen sein müssen – das zentrale Thema bei seinem Bericht über das Leben von Konfuzius ist dessen Erfolglosigkeit.

Konfuzius kehrte nach Lu zurück, wo er unter Herzog Ting (reg. 508–495), dem Nachfolger des Chao, langsam Karriere machte. Bis zur Position eines Justizministers soll er es gebracht und Lu in wichtigen Staatsangelegenheiten gegen Ch'i so erfolgreich geholfen haben, daß man es im Nachbarstaat mit der Angst zu tun bekam und auf ein Mittel sann, ihn zu beseitigen. Dafür soll der Staat Ch'i achtzig Tänzerinnen vor die Stadttore von Lu geschickt haben, die den Auftrag hatten, den Herzog mit ihren Reizen von den Regierungsgeschäften abzuhalten. Der als sittenstreng bekannte Konfuzius soll ihm ein Ultimatum gestellt haben: Die Tänzerinnen oder ich. Doch der Herzog, und vor allem der machthabende Huan-tzu aus der Familie Chi, entschieden sich für die Tänzerinnen, worauf Konfuzius im Alter von 55 Jahren den Staat Lu verließ.

Seine Reisen der folgenden Jahre führten Konfuzius in verschiedene der kleineren und größeren Staaten der Region. Mehrfach geriet er dabei in lebensgefährliche Situationen, ohne daß ihn dies aus der Fassung gebracht zu haben scheint. Als man ihn einmal bei einer Ortschaft namens K'uang für einen Rebellen hielt und umstellte, soll Konfuzius gesagt haben: «Ist nicht seit König Wen [der Gründer der Chou] tot ist, die Bildung hier in mir? Wenn der Himmel diese Bildung zerstören wollte, dann könnten solche, die nach mir sterben, nicht mehr dieser Bildung teilhaftig werden. Will aber der Himmel diese Bildung nicht zerstören, was sollen mir die Männer von K'uang da anhaben?» (LY 9.5)

Doch scheiterte der Meister mit seinem Versuch, eine Anstellung bei einem Fürsten zu erhalten, um seine Ideen zu einer politischen Neuordnung in die Praxis umzusetzen. Innerhalb von drei Jahren, so soll er gesagt haben, wäre er in der Lage, einen Staat in Ordnung zu bringen, und einmal beteiligte er sich gar fast an einer Rebellion, um seinen Lebenstraum doch zu erfüllen. «Bin ich denn ein bitterer Kürbis, daß ich hängen könnte, ohne essen zu müssen» (LY 17.6), soll er geseufzt haben. Einmal habe er alleine an einem Stadttor gestanden, als ein Mann zu seinem Schüler Tzu-kung sprach, er habe da einen Mann gesehen, der alle Anzeichen eines Weisen habe, aber im Augenblick aussehe wie ein Hund, der seinen Herrn verloren hat. Daß Konfuzius diese Charakterisierung gefiel, ist ein Beleg für die humoristischen Züge, die uns in den Aussprüchen – aller Enttäuschung des Konfuzius zum Trotz – viel häufiger begegnen, als dies allgemein bekannt ist.

Auf seinem Totenbett soll Chi Huan-tzu beklagt haben, daß er mit seinem Verhalten den Konfuzius dazu gebracht habe, Lu zu verlassen. Dafür lud er nun einige Schüler des Konfuzius ein, in der Regierung des Landes mitzuarbeiten. Dieser jedoch kehrte erst Jahre später in seine Heimat zurück, ohne dort allerdings wieder eine Anstellung zu finden. Insgesamt vierzehn Jahre soll er außer Landes gewesen sein. In seinen letzten Lebensjahren befaßte er sich nur noch mit dem Unterricht für seine Schüler. Als jedoch im vierzehnten Jahre (482) des Herzogs Ai von Lu (reg. 494–467) im Westen des Staates ein Einhorn gefangen wurde, heißt es, da habe der Meister gewußt, daß sein Lebensweg zu Ende war. Er habe sich deshalb hingesetzt und in den nächsten beiden Jahren an der Chronik des Staates Lu, den *Frühlings- und Herbstannalen*, gearbeitet, die nach Ansicht der chinesischen Tradition sein politisch-philosophisches Vermächtnis sind. Lange Zeit hat die westliche Sinologie die Tradition bezweifelt, Konfuzius könne mit den *Frühlings- und Herbstannalen*, wie sie uns heute vorliegen, etwas zu tun gehabt haben. In der Tat gibt es trotz einer stattlichen Anzahl von auf Bambusstreifen geschriebenen Texten, die aus chinesischen Gräbern vom ausgehenden 4. bis zum 1. Jahrhundert v. Chr. vorliegen, bis heute keinen Ausgrabungsfund, der definitiv belegen könnte, daß die *Annalen* schon frühen Ursprungs sind. Die traditionell überlieferte Literatur beginnt zudem wirklich erst spät, ein Werk dieses Titels zu zitieren. Den Quellen zufolge wurden die *Annalen* jedoch lange Zeit nur mündlich tradiert, so daß die Möglichkeit, die *Frühlings- und Herbstannalen* vielleicht tatsächlich als einzigen Text auf Konfuzius zurückzuführen, nicht ganz außer Acht gelassen werden sollte.

Konfuzius starb im Jahr 479 v. Chr.. Drei Jahre lang sollen seine Schüler an seinem Grab getrauert haben. Ein Sohn namens K'ung Li, der allerdings schon zu Lebzeiten des Meisters gestorben war, setzte die Linie fort. Am Rande mag interessieren, daß Konfuzius der Tradition als schlechter Ehemann gilt. Den *Aufzeichnungen über die Riten* zufolge verstieß er die Mutter des K'ung Li, ein Verhalten, über das in der Literatur nur selten gesprochen wird, da er damit gegen die Familienharmonie handelte, die später zum höchsten Gut des Konfuzianismus erhoben wurde.

3. Lehren des Konfuzius

Wie oben gesagt ist es schwierig, anhand des uns heute vorliegenden Bearbeitungsstandes der *Gespräche des Konfuzius* sichere Aussagen darüber zu machen, welche Gedanken vom Meister selbst stammen und welche Aussprüche erst auf spätere Zeiten zu datieren sind. Kaum Zweifel kann es allerdings daran geben, daß seine erste Motivation darin bestand, zunächst einmal von der Notwendigkeit des Lernens überhaupt zu überzeugen. Die einzelnen Kapitel der *Gespräche* tragen aus zwei Zeichen bestehende Überschriften, die in den meisten Fällen einfach die ersten beiden Zeichen des ersten Passus eines Kapitels, manchmal auch nur zwei Zeichen aus dem ersten Satz des ersten Passus sind. Das erste Kapitel, das manche allerdings als verhältnismäßig spät ansehen, beginnt mit den Worten: «Lernen und das Gelernte beständig einüben – ist das nicht auch eine Freude?» Konfuzius spricht gerne über seinen eigenen Lernprozeß: «Mit fünfzehn hatte ich meinen Sinn auf das Lernen gerichtet ...» (LY 2.4) Und er erklärt den überragenden Nutzen des Studiums: «Lernen ohne nachzudenken ist zwecklos; nachdenken ohne lernen ist ermüdend.» (2.15) Oder: «Einst saß ich den ganzen Tag ohne zu essen und die ganze Nacht ohne zu schlafen, nur um nachzudenken – es nützte nichts. Besser ist es doch zu lernen.» (15.31) Doch vielleicht ist der letzte Satz bereits eine spätere Hinzufügung, die sich gegen entgegengesetzte Aussagen des Meng-tzu, eines Urenkelschülers von Konfuzius, richtete. Ein gewisser Konservativismus klingt an in der Aussage: «Im Altertum lernte man noch für sich selbst. Heute lernt man für Andere» – nämlich um ein Ziel bei Anderen zu erreichen.

Doch was war es, das da gelernt werden sollte? Zunächst gilt es festzuhalten, was bei Konfuzius nicht gelernt werden konnte: «Der Meister sprach nicht über Übernatürliches, Kräfte, über Aufruhr oder über Geister», heißt es in LY 7.21, doch kennen wir andere Traditionen, die durchaus der Auffassung waren, daß der Meister auch über Übernatürliches sprach. Eine weitere Stelle sagt: «Des Meisters Bildung ist klar, von der können wir hören. Doch von des Meisters Worten über die [menschliche] Wesensart und den Weg des Himmels können wir nichts hören.» (5.13) Möglicherweise ist jedoch auch dies eine Reaktion auf Reden, die lange nach dem Tod des Konfuzius in bestimmten Überlieferungen genau diese Themen betrafen. In einen ähnlichen Kontext gehört der folgende berühmte Passus: «Chi-lu fragte nach dem Dienst an Dämonen und Geistern. Der Meister sprach: ‹Wer noch nicht den Menschen dienen kann, wie will der den Dämonen dienen?› Da lautete die nächste Frage: ‹Darf ich wagen, nach dem Tod zu fragen.› Die Antwort lautete: ‹Wenn Du noch nicht das Leben kennst, wie willst Du da den Tod kennen?›» (11.12) In 7.35 tadelt der kranke Konfuzius nach fast einhelliger Ansicht der Tradition einen Schüler, als dieser für ihn beten will. Da sich solche Aussprüche in den *Gesprächen* finden, liegt der Gedanke auf der Hand, daß ein einflußreicher Zweig der konfuzianischen Tradition bemüht war, den Meister als einen diesseitigen Denker hinzustellen, der an Reden über das Jenseits wenig Gefallen fand.

Oben hat sich bereits mehrfach gezeigt, daß Konfuzius seine Aufgabe offensichtlich darin sah, eine auf ihn gekommene Bildung (*wen*) weiterzugeben und in ihrer Basis zu verbreitern. «Ich überliefere nur und schaffe nicht selbst, ich vertraue auf das Altertum und ich liebe es» (7.1), so lautet ein einflußreicher Satz, der später jedem Nachgeborenen, der mit dem Anspruch auftrat, etwas selber schaffen zu wollen, Schwierigkeiten bereitete. Diese Bildung dürfte wohl zu charakterisieren sein als ein mit der Tradition überkommenes Gerüst von Sittenregeln, das der Edle (*chün-tzu*) – jenes Kultivierungsideal, das Konfuzius seinen Schülern beizubringen suchte – zu verinnerlichen hatte. Dabei legt der Meister aber immer wieder Wert darauf, daß die einfachen Regeln der Sitte eben nur ein Grundgerüst sind und das eigentliche Ziel seiner Ausbildung darüber hinausgeht, sich nämlich auf moralische Vervollkommnung, auf die Entwicklung von Schamgefühl und Anstand richtet.

Der zentrale Terminus aber, um den es in den *Gesprächen des Konfuzius* geht – er taucht darin über sechzig Mal auf –, ist die Tugend der Menschlichkeit (*jen*), die vielfach mit dem Begriff des Wissens (*chih*) kontrastiert wird: «Unter den Wohnorten sind diejenigen, in denen Menschlichkeit herrscht, die schönsten. Wer sich aussucht nicht in Menschlichkeit zu wohnen, wie könnte der Wissen erlangen?» (4.1) Oder: «Fan Ch'ih fragte nach Wissen. Der Meister sprach: ‹Sich um die Belange des Volkes kümmern, Dämonen und Geister ehren, sie aber fern von sich zu halten, das ist als Wissen zu bezeichnen.›» Und auf die Frage nach der Menschlichkeit sagte er: «Der Menschliche bewältigt zuerst Schwierigkeiten und erntet dann erst. Dann ist er als menschlich zu bezeichnen.» (6.22) Ferner: «Fan Ch'ih fragte nach der Menschlichkeit. Der Meister sprach: ‹Schonend mit den Menschen umgehen.› Und als er nach dem Wissen fragte, sagte der Meister: ‹Die Menschen kennen ...›» (12.22).

Was Konfuzius ganz genau mit dem Begriff der Menschlichkeit meinte, geht aus seinen *Gesprächen* nicht hervor. Dies ist ein Streitpunkt, welcher vor allem die späteren Konfuzianer zu langen Diskussionen angeregt hat. Ob zum Beispiel die den Kindern auferlegte Pflicht, ihre Eltern zu lieben, schon für Konfuzius Bestandteil dieses Konzeptes war, oder ob dieses erst später zu einem zentralen Element der konfuzianischen Lehre geworden ist, bleibt eine Frage, die beim gegenwärtigen Forschungsstand noch nicht beantwortet werden kann. Auf jeden Fall ist vor allem in den ersten beiden Kapiteln der *Gespräche des Konfuzius* mehrfach von der Kardinaltugend der Kindesliebe (*hsiao*) die Rede, während der Begriff an späterer Stelle im Text kaum noch auftaucht. Interessanterweise kennen wir den Begriff der Kindesliebe schon aus Bronzeinschriften vom Beginn des 1. Jahrtausends, Texten also, die lange vor Konfuzius geschrieben wurden. Hier jedoch steht die Kindesliebe fast ausschließlich für den Opferdienst, den ein Sohn für seinen verstorbenen Vater und seine anderen Ahnen zu leisten hat und der später zu einem markanten Symbol konfuzianischen Handelns geworden ist.

Übrigens hat die konfuzianische Tradition insgesamt ein eher pragmatisches Verhältnis zum Ahnenkult: Der älteste lebende Nachfahr einer dynastischen oder einer anderen Familienlinie dient nur einigen ihm zeitlich nahestehenden Ahnen, die durch Tafeln repräsentiert sind – selbst die Legitimität der Verehrung des Liniengründers war durchaus umstritten. Dafür gibt es nach sozialer Stellung abgestufte Regelungen. In einem einflußreichen Text des chinesischen Altertums heißt es, daß der Himmelssohn, also der Zentralherrscher, sieben Ahnen zu verehren habe, ein Lehnsfürst deren fünf, ein Würdenträger noch drei, während sich der Dienst des einfachen Beamten nur auf den Vater richtet. Spätere Konfuzianer gestehen indes auch dem einfachen Mann die Verehrung von vier Ahnen zu. Die Tafeln anderer Vorfahren werden nach Ablauf ihrer Zeit aus dem Ahnentempel oder der Ahnennische entfernt, und es gibt wenig Hinweise darauf, daß man sich die Welt oder gar den Himmel als von unsichtbaren Ahnen bevölkertes Pantheon vorgestellt hätte.

Erst nach der Zeit des Konfuzius und ganz massiv dann in den ersten vorchristlichen Jahrhunderten erwächst aus dem Begriff *hsiao* eine verpflichtende Tugend für jeden einzelnen Menschen, auch den noch lebenden Eltern mit einer Unterwürfigkeit zu dienen, die ihn sogar in Konflikt mit dem Staate bringen kann. In den *Gesprächen* preist ein Fürst das Verhalten eines Sohnes, der seinen Vater anzeigte, weil dieser ein Schaf gestohlen hatte. Konfuzius aber entgegnet: «Die Aufrechten in unserer Ortschaft sind anders – der Vater wird seinen Sohn schützen und der Sohn den Vater. Darin findet sich bereits Aufrechtheit.» (LY 13.18) Die Frage, ob in den konfuzianischen Lehren die Familie Vorrang vor dem Staate, die Tugend der Kindesliebe vor derjenigen der Loyalität haben solle, ist mit diesem von manchen Sinologen allerdings als relativ spät angesehenen Ausspruch jedoch nicht gelöst. Vielmehr ist dies einer der zentralen Konflikte, über den chinesische Gelehrte in den nachfolgenden Jahrtausenden immer wieder zu streiten hatten. Kindesliebe manifestiert sich übrigens nach Auffassung eines Schülers des Konfuzius sichtbar darin, daß ein Kind mit dem Leib, den es von den Eltern erhalten hat, pfleglich umgeht und ihm nicht mutwillig oder fahrlässig auch nur die kleinste Verletzung zufügt – also nicht etwa ein Vergehen begeht, das dann mit dem Verlust eines Körperteiles oder einer Tätowierung bestraft wird.

Auf jeden Fall zu den frühesten Punkten der Lehre gehört die sogenannte Goldene Regel, die nirgendwo auf der Welt so früh formuliert wurde wie in den *Gesprächen des Konfuzius*: «[Der Schüler] Tzu-kung sprach: ‹Was ich nicht will, das andere mir zufügen, das will ich auch nicht anderen zufügen.› Der Meister sprach: ‹Tz'u [der Vorname des Tzu-kung], da kommst Du nicht heran!›» (5.13)

Die Goldene Regel, hier negativ formuliert, gilt also als ein überaus schwer zu erreichendes Ideal. Wir finden sie noch an zwei weiteren Stellen in den *Gesprächen*. In 12.1 stellt der Konfuziusschüler Yen Yüan die Frage nach der Menschlichkeit. Der Meister antwortet: «‹Sich selbst bezwingen und die Sitte einüben, das ist Menschlichkeit. Wer sich den ganzen Tag lang bezwingt und die Sitte einübt, dem wendet sich das Reich in Menschlichkeit zu. Was glaubst Du: Geht Menschlichkeit von einem selbst aus oder von den anderen?› Yen Yüan gab zurück: ‹Darf ich die genauen Unterpunkte dazu hören?› Der Meister antwortete: ‹Schaue nicht, wenn es nicht sittengerecht ist, höre nicht hin, wenn es nicht sittengerecht ist, sprich nicht, wenn es nicht sittengerecht ist, handele nicht, wenn es nicht sittengerecht ist.› Yen Yüan antwortete: ‹Auch wenn ich nicht geschickt bin, bitte ich doch, mich an diese Worte halten zu dürfen!›» Und 12.2 ergänzt: «Chung-kung fragte nach der Menschlichkeit. Der Meister sprach: ‹Gehe aus der Türe, als wollest Du einen hohen Gast empfangen. Nimm das Volk so in Dienst als ginge es darum, ein hohes Opfer entgegenzunehmen. Was Du selbst nicht willst, das füge keinem anderen zu. Im Staate sei ohne Zorn, zu Hause sei ohne Zorn.› Chung-kung sprach: ‹Auch wenn ich nicht geschickt bin, bitte ich doch, mich an diese Worte halten zu dürfen!›» In 15.24 ist es wieder der Schüler Tzukung, der fragt: «‹Gibt es ein Wort, das ich mein ganzes Leben befolgen kann?› Der Meister antwortete: ‹Das ist doch wohl die Gegenseitigkeit! Was Du nicht willst, das füge anderen nicht zu.›»

Wir finden diese Formel im frühen Schrifttum noch an einer ganzen Reihe von Stellen, und sie ist wohl tatsächlich einer der zentrale Inhalte dessen, was Konfuzius – wie vielleicht auch andere Lehrmeister der damaligen Zeit – seinen Schülern zu vermitteln suchte. Zumindest scheint klar zu sein, daß Konfuzius den Schülern nicht ausschließlich eine Ausbildung zukommen lassen wollte, die hinterher zwangsläufig in eine Karriere als Staatsmann mündete. Vielmehr scheint es ihm um die Vermittlung von Werten gegangen zu sein, die über die direkte Anwendbarkeit im Staatsdienst hinausgingen. Dennoch kann aber kein Zweifel daran bestehen, daß Konfuzius, als seine eigenen Aussichten auf politischen Erfolg gescheitert waren, seine Hoffnung auf die Schüler setzte.

4. Die Gebildeten

Im alten China sprach man nicht von «Konfuzianern». Im klassischen Chinesisch gibt es kein echtes Äquivalent für diesen europäischen Begriff. Vielmehr hieß die Gruppe, in welcher die Lehren des Konfuzius überliefert wurden, *ju*, ein Wort, dessen etymologische Bedeutung unklar ist. Eine einflußreiche Tradition, die bereits auf das 1. Jahrhundert n. Chr. zurückgeht, besagt, daß *ju* mit dem heute *jou* ausgesprochenen Wort für «schwach» zusammenhängt. Beide Worte haben phonetisch im Altertum wohl sehr nahe beieinander gelegen. Spätere Erläuterungen zu dieser Etymologie sagen, daß die *ju* eben Männer gewesen seien, die durch tugendhaftes Verhalten oder Charisma (*te*) und nicht durch Gewalt Einfluß auf andere nahmen und auf diese Weise in der Lage gewesen seien, andere zu befrieden und sich untertan zu machen. Ein fast identisches Zeichen mit derselben Aussprache heißt sinnigerweise «Säugling». Zudem soll *ju* auch für ein weiteres homophones Wort «befeuchten», «tränken» stehen – die *ju* seien ganz und gar von den Methoden der weisen Könige des Altertums durchtränkt, nach denen sie lebten. Doch wird auch schon im 1. Jahrhundert gesagt, die *ju* seien Männer gewesen, die sich auf «Künste» verstanden, ein Wort, mit dem wohl die sogenannten Sechs Disziplinen (*liu i*) gemeint sind. Dieses alte Bildungsideal, das wir spätestens in der Adelsgesellschaft des 5. Jahrhunderts v. Chr., zu Lebzeiten des Konfuzius also, antreffen, schloß Kenntnisse der Regeln der Sitte und des Anstands, der Musik, des Bogenschießens und des Wagenlenkens sowie des Schreibens und Rechnens ein. Kurz, *ju* waren zunächst die Bildungsträger des Altertums schlechthin, weshalb es sich in vielen Zusammenhängen empfiehlt, das Wort auch in seiner Bedeutung «Gebildeter» und nicht ausschließlich verengend als «Konfuzianer» zu verstehen.

Konfuzius ist wohl Teil dieser zu seinen Lebzeiten bereits bestehenden Schicht gewesen, obwohl es in der frühesten Quelle, aus der wir etwas über ihn wissen, den *Gesprächen des Konfuzius*, nur einen einzigen Ausspruch gibt, in dem er selbst das Wort *ju* benutzt. Zu einem Schüler soll er – nach gängiger Interpretation des Passus, andere wären denkbar – gesagt haben: «Sei ein edler Gebildeter und nicht ein minderer Gebildeter» (LY 6.13), womit gemeint ist, daß der Gebildete zusätzlich zu seiner Ausbildung moralische Qualitäten braucht. Und einer der frühesten Kommentare zu dieser Stelle besagt, daß ein *ju* also ein Mann sei, der in seinem Dorfe den rechten Weg und die Künste lehre – *ju* wären demzufolge die Dorflehrer gewesen, die das Traditionsgut weitergaben. In der Tat findet jedoch schon in vielen Texten ab dem 3., vielleicht sogar schon dem 4. vorchristlichen Jahrhundert eine Identifikation des Wortes *ju* mit den Anhängern der Schule des Konfuzius statt. Bibliographische Kataloge, die es in China seit etwa der Zeitenwende gibt, führen als eine wichtige Textgattung regelmäßig Schriften der *ju* auf. Ein zentrales einendes Kriterium ist in diesen Katalogen die Tatsache, daß die Verfasser Konfuzius als gemeinsamen Ahn ihrer Ideen ansehen. Texte, die unter dieser Kategorie aufgeführt werden, sind allerdings in Wirklichkeit von überaus heterogener Natur und vielfach nur mit Mühen auf das Denken des Konfuzius zurückzuführen. Vor allem in der frühen Zeit ist in historiographischen Texten zudem immer wieder von *ju* die Rede, die sich aber nicht durch eine besondere Verbundenheit zu Konfuzius auszeichnen, sondern so genannt werden, weil sie örtliche Schriftkundige sind. In manchen vergleichenden Darstellungen unterschiedlicher Lehren wird *ju* auch nur als einer unter vielen anderen Menschentypen verstanden, die für bestimmte Beamtenaufgaben taugen. Wir haben es also mit einer überaus reichhaltigen Tradition zu tun, die eher durch äußere Merkmale zusammengehalten wird als durch inhaltliche Konvergenz.

5. Die Schüler

Dreitausend Schüler soll der Meister gehabt haben, von denen aber nur 77 bzw. 72, je nach Belegstelle, als solche genannt sind, die «die Lehre empfangen und persönlich durchdrungen hatten». Wenn wir überhaupt an diese genauen Zahlen glauben wollen, so liegt die 77 näher, denn 72 sieht verdächtig nach einer späteren Systematisierung aus: 9x8 ist die größte der einstelligen ungeraden Zahlen multipliziert mit der größten geraden Zahl. Nur von einem kleinen Teil der Schüler ist mehr als der Name bekannt. Und nur über einige von ihnen äußert sich Konfuzius in den *Gesprächen* – zum Teil übrigens in recht herabsetzender Weise: «Tzu-kao ist dumm, Tseng Ts'an ist ungehobelt, Tzushang ist ein Bauer und Tzu-lu grobschlächtig.» (LY 11.18)

Der Grund für den geringen Bekanntheitsgrad der Schüler dürfte darin zu suchen sein, daß viele aus verhältnismäßig einfachen Verhältnissen kamen und es den allerwenigsten gelang, eine dauerhafte Anstellung zu erhalten und die Geschicke eines der Staaten der Oikumene mit zu beeinflussen, eines der zentralen Ziele der Ausbildung des Konfuzius. Auch in späteren Zeiten ist das Hauptbestreben eines jeden konfuzianisch gebildeten Mannes der Dienst im Staat und an der Gesellschaft, die Hinwendung zum Öffentlichen und das Hintanstellen privater Interessen. Ssu-ma Ch'ien sagt an einer Stelle sogar, eigentlich habe es keinen unter den Schülern des Konfuzius gegeben, der einer Erwähnung als Staatsmann wert sei. Das ist zwar etwas übertrieben, denn der Name des Tzu-kung muß doch genannt werden: Diesen soll nämlich Konfuzius auf eine diplomatische Mission geschickt haben, als der starke Nachbarstaat Ch'i drohte, Lu anzugreifen. Tatsächlich soll Tzu-kung es geschafft haben, Ch'i von diesem Angriff abzuhalten, gleichzeitig den im Süden gelegenen Staat Wu gegen Ch'i aufzuhetzen und dessen Nachbarstaat Yüeh einen Vorteil gegenüber Wu zu verschaffen, so daß Wu schließlich zerschlagen wurde. Lu aber wurde durch diese, von der Tradition mit gemischten Gefühlen beurteilte Gesandtschaftsreise vor dem Untergang bewahrt. Die Anekdote ist deshalb wichtig, weil Tzu-kung ein reicher Kaufmann gewesen sein soll und Ssu-ma Ch'ien und andere Autoren des Altertums darüber spekulieren, ob nicht er der wahre Grund für die Bekanntheit des Konfuzius gewesen ist. Tzu-kung nimmt jedoch eine Ausnahmestellung ein.

Die meisten anderen Schüler des Konfuzius scheinen wenig bemittelt gewesen zu sein und aus diesem Mangel gar eine Tugend gemacht zu haben. Mehrere Aussprüche aus dem vierten Kapitel der *Gespräche des Konfuzius* nehmen dieses Thema auf: «Der Meister sprach: ‹Reichtum und Adel sind das, was die Menschen begehren. Wer sie aber nicht auf dem rechten Weg erlangt hat, der nimmt sie nicht wahr. Armut und Niedrigkeit sind das, was die Menschen verabscheuen. Wer dies aber nicht auf dem rechten Weg erreichen kann, der verläßt sie nicht. Wenn der Edle die Menschlichkeit verläßt, wie will er sich dann einen Namen machen? Der Edle verläßt nicht einmal für den Zeitraum einer Mahlzeit die Menschlichkeit. In schlimmsten Umständen bleibt er bei ihr, und auch in tiefem Leid bleibt er bei ihr.›» (4.5)

Oder aber: «Der Meister sprach: ‹Ein Mann, der seinen Sinn auf den rechten Weg gerichtet hat, aber sich ärmlicher Kleidung und ärmlichen Essens schämt, mit dem lohnt es nicht zu diskutieren.›» (4.9) Und schließlich: «Der Meister sprach: ‹Macht Euch keine Sorgen darüber, keine Stellung zu erlangen, macht Euch vielmehr Sorgen darüber, mit welchen Mitteln Ihr sie erlangt. Macht Euch keine Sorgen darüber, daß Euch keiner kennen könnte, strebt vielmehr danach, daß es einen Grund dafür gibt, Euch zu kennen!›» (4.14)

Mit diesen Aussprüchen ist eine bestimmte Geisteshaltung des Anhängers der Schule des Konfuzius vorgezeichnet: Er glaubt an die Unveränderlichkeit des ihm vom Schicksal zugeteilten Loses und verachtet den, der versucht, das Schicksal mit unrechten Methoden zu betrügen. Bildung und Lernen, vor allem aber moralische Vervollkommnung, sind die Wege, durch die ein gesellschaftlicher Aufstieg gerechtfertigt werden kann, nicht aber Geld. Die Botschaft ist: Ein Anhänger des Konfuzius ist unbestechlich, weil ihm materielle Güter nichts bedeuten. Wenn unter den Han (200 v. Chr.–200 n. Chr.) die Kaufleute erstmals als niederster Stand bezeichnet werden, dann hat dies auf jeden Fall mit dem Aufschwung solcher konfuzianischer Doktrinen zu tun.

6. Die kanonischen Schriften

Das alte Bildungsideal, dem Konfuzius selbst sicherlich noch verpflichtet war, bestand wie schon erwähnt aus Sechs Künsten bzw. Disziplinen: Riten, Musik, Bogenschießen, Wagenlenken, Rechnen und Schreiben. Doch wird dieser Kanon schon zu Lebzeiten des Konfuzius oder kurz danach von einem neuen Standard überlagert. Frühe Texte sprechen nun von «Liedern und Urkunden, Riten und Musik», und auch über Konfuzius heißt es an einer Stelle in den *Aufzeichnungen des Historiographen*, er habe Lieder, Urkunden, Riten und Musik unterrichtet. Der militärische Teil fällt also weg, Rechnen und Schreiben werden als so grundlegend angesehen, daß sie nicht mehr Bestandteile eines Bildungskanons sind. Sowohl mit Riten als auch mit Musik wird die Ausbildung, die Konfuzius seinen Schülern angedeihen läßt, in den *Gesprächen* immer wieder in Verbindung gebracht. Von den «Urkunden» ist oben schon die Rede gewesen. Konfuzius soll sie eingesehen haben, als er in noch jungen Jahren in der Hauptstadt der Chou weilte. Die heute in der kanonischen Sammlung der Urkunden (*Shang-shu* oder *Shu-ching*) zusammengestellten Dokumente werden in den *Gesprächen* allerdings noch kaum erwähnt. Es handelt sich dabei um Texte, die zu einem größeren Teil im Umfeld der Eroberung des Shang-Reiches durch die Chou ab etwa 1000 v. Chr. entstanden sind, um Ansprachen der neuen Herrscher, um Eidbund- und Vertragsformeln. Konfuzius wird traditionell eine Redaktion dieser Schriften sowie ein Vorwort zu ihnen zugeschrieben. Dies erscheint im Lichte der *Gespräche* nicht haltbar. Vermutlich ist die Zusammenstellung der Urkunden in einer dem heutigen Rezeptionszustand vergleichbaren Form in Teilen im 3. vorchristlichen Jahrhundert geschehen. Ein größerer Teil von Dokumenten, die heute zum Textcorpus des *Shang-shu* gehören, sollen sogar erst im 3. Jahrhundert n. Chr. hinzugekommen sein. Allerdings ist gegenüber dem Begriff «Fälschung», mit dem diese Schriften in der Forschung häufig belegt werden, Zurückhaltung zu wahren. Es ist durchaus möglich, daß – analog zur Entdeckung von Schriftzeugnissen im 20. Jahrhundert – im 3. Jahrhundert Texte gefunden, redigiert und dem *Shang-shu* inkorporiert wurden.

Anders als im Falle der «Urkunden» wird Konfuzius in den *Gesprächen* häufig mit «Liedern» in Verbindung gebracht. Mehrfach lobt er einen Schüler, mit dem er über einige Verse gesprochen hat, und sagt dann, mit diesem Schüler könne man nun anfangen, über die Lieder zu sprechen. Die Tradition schreibt Konfuzius zu, er habe einen vorhandenen Fundus von dreitausend Liedern aus allen Teilen des Reiches gesichtet und daraus einen Kanon von etwa dreihundert Liedern erstellt, der heute als ein Leitfadentext (*ching*) auf uns gekommen sei. Viele Forscher des 20. Jahrhunderts haben sich bemüht, den volkstümlichen Charakter eines großen Teiles dieser im *Buch der Lieder* (*Shih-ching*) enthaltenen Gedichte, deren Entstehungszeitraum wohl zwischen 1000 und 500 oder 400 v. Chr. liegt, herauszustellen. Die konfuzianische Gelehrtentradition jedoch hat den Liedern – ganz egal, ob sie ursprünglich Liebeslieder oder Naturbeschreibungen waren – einen politischen Sinn unterlegt. Um bestimmte Aussagen in einer nicht zu plump direkten Form machen zu können, hatten sich Würdenträger Kenntnisse der Lieder anzueignen. Insofern ist durchaus vorstellbar, daß Unterricht in den Liedern und ihrer richtigen Auslegung tatsächlich ein maßgeblicher Bestandteil der Ausbildung des Konfuzius gewesen ist. Ein erst im Jahr 2001 in ersten Auszügen veröffentlichter Textfund aus einem Grab, das um 300 v. Chr. verschlossen worden sein soll, scheint dieses Bild zu bestätigen: Darin zeigt eine wichtige Textgruppe den Konfuzius in seiner Funktion als Exeget der uns heute aus dem *Shih-ching* bekannten Lieder dar, der die Gedichte dabei, wie dies auch aus den späteren traditionell überlieferten Auslegungen bekannt ist, in einen politischen Kontext stellt. Sollte die Datierung des Textfundes korrekt sein, dann wären wir damit immerhin schon bis auf 170 Jahre an das Todesjahr des Konfuzius herangerückt.

Es besteht kein Grund, daran zu zweifeln, daß Konfuzius weitere Schwerpunkte auf den Unterricht in Riten und Musik legte, wobei mehr als fraglich ist, ob er ihm in beiden Fällen ebenfalls nachgesagte Textredaktionstätigkeiten tatsächlich vorgenommen haben kann. Einen Musikklassiker scheint es nie gegeben zu haben, die Ritentexte sind zum großen Teil späteren Datums als Konfuzius. Einhellig von der Forschung zurückgewiesen wird die traditionelle Auffassung, Konfuzius habe im Alter die fünfte kanonische Schrift, das wahrscheinlich auf den Anfang des 1. Jahrtausends zu datierende Wahrsagebuch der *Wandlungen* (*I-ching* oder *Chou-i*), kommentiert. Überhaupt treten in der Literatur *Wandlungen* sowie *Frühlings- und Herbstannalen* erst verhältnismäßig spät, im 3. vorchristlichen Jahrhundert nämlich, zu dem Kanon von Liedern und Urkunden, Riten und Musik hinzu. Zusammen mit diesen bilden sie eine neue Einheit von Sechs Disziplinen, die dann im 2. Jahrhundert v. Chr. zum alles beherrschenden Bildungsideal werden.

7. Der Philosoph Meng-tzu

Acht verschiedene Schulen von *ju* nennt der im 3. vorchristlichen Jahrhundert schreibende Meister Han Fei. Dieser war ein Vertreter der konkurrierenden Lehre der Legalisten, einer Schule, deren Namen sich darauf zurückführt, daß sie nicht wie die Konfuzianer die Sitte, sondern das Gesetz ins Zentrum ihres politischen Argumentierens stellt. Han Fei schreibt explizit: «Die *ju* führen sich alle auf K'ung Ch'iu zurück.» Dennoch seien ihre Ansichten völlig unterschiedlich, und es sei wohl kaum möglich, alle acht Schulrichtungen wieder zu vereinheitlichen, da es keinen Meister mehr gebe, der einen dementsprechenden Standard in der Weise verordnen könne, daß er dann auch akzeptiert würde.

In der Liste der acht Namen, die Han Fei nennt, steht auch derjenige einer Familie oder eines Herrn Meng. Dieser wird generell mit Meng K'o gleichgesetzt, einfacher Meng-tzu oder Meister Meng, dessen Namen die Jesuiten zu Mencius latinisierten. Allerdings gilt er auch als ein Enkelschüler des Tzu-ssu, eines Schülers von Konfuzius, der ebenfalls unter die acht Schulengründer in die Liste des Han Fei aufgenommen wurde. Meng-tzu stammte aus einem Ort namens Tsou, der vielleicht identisch ist mit dem Herkunftsort des Konfuzius. Nach traditioneller Ansicht soll er von 379 bis 289 v. Chr. gelebt haben. Seine Karriere weist gewisse Ähnlichkeiten mit derjenigen des Konfuzius auf: Auch er sammelte eine große Schar von Schülern um sich, in dem Ausmaße, daß er einmal gefragt wurde, ob es denn wirklich in Ordnung sei, mit Hunderten von Schülern in die Staaten einzufallen, die beraten werden sollten (MT 3B/4). Doch auch Meng-tzu scheint kein besonderer Erfolg bei seinen politischen Bemühungen beschieden gewesen zu sein. Was er ganz genau lehrte, läßt sich heute ebensowenig mit vollständiger Sicherheit benennen wie die Doktrinen des Konfuzius. Alte chinesische Texte bestehen aus mehreren Schichten, die von einem späteren Kompilator zu einem einheitlichen Werk zusammengefügt wurden. Bei Meng-tzu dürfte dies nicht anders sein. Sein Traktat, der aus sieben Doppelkapiteln besteht, wirkt zwar recht homogen, ist aber wahrscheinlich erst um die Wende des 2. zum 3. nachchristlichen Jahrhundert zusammengestellt worden. Einige Grundideen lassen aber doch den Schluß zu, daß viele der Aussagen des heutigen Textkonvolutes authentisch sein dürften. Erst verhältnismäßig spät gelangte Meng-tzu zu Bedeutung, nachdem er zunächst lange Zeit im Schatten anderer konfuzianischer Richtungen gestanden hatte. Für den späteren Konfuzianismus ist der Beitrag des Meng-tzu, wie er sich aus den heute vorliegenden Schriften erschließen läßt, jedoch von solch außergewöhnlicher Wichtigkeit, daß einige der am häufigsten als urkonfuzianisch bezeichneten Gedanken eigentlich mencianisch heißen müßten.

Zur politischen Bedeutungslosigkeit des Großteils der Konfuziusschüler paßt gut der Anfang des *Meng-tzu* Textes: Meng-tzu kommt zu Besuch zum Fürsten Hui von Liang, der ihm Fragen danach stellt, wie er gedenke, seinem Staat zu nützen. Darauf beginnt Meng-tzu eine Suada gegen das vorherrschende utilitaristische Denken. Statt dessen solle sich der Fürst an Menschlichkeit und Rechtlichkeit (*jen* und *i*) halten, zwei Begriffe, die in den *Gesprächen des Konfuzius* so noch nicht zusammen auftauchen, später aber zu den Schlagworten des Konfuzianismus schlechthin geworden sind. Auf Meng-tzu geht im Zusammenhang mit diesen beiden Grundtugenden die positive Anthropologie des Konfuzianismus zurück: Er geht davon aus, daß das Wesen des Menschen von Geburt an gut ist und daß sich im Herzen eines jeden Menschen vier Eigenschaften finden, nämlich Mitleid, Schamgefühl und Abscheu, Bescheidenheit und Zurückhaltung sowie das Vermögen zur Unterscheidung zwischen richtig und falsch. Dies sind die sogenannten «Vier Anfänge», welche wiederum auf vier Kardinaltugenden verweisen, die dem menschlichen Wesen ebenfalls angeboren sind: Menschlichkeit (*jen*), die dem Mitleid zuzuordnen ist, Rechtlichkeit (*i*), die zu Schamgefühl und Abscheu vor Schlechtem gehört, sittliches Empfinden (*li*), das in Verbindung mit Bescheidenheit und Zurückhaltung steht, sowie Klugheit (*chih*), welche das Unterscheidungsvermögen zwischen richtig und falsch begründet (MT 2A/6). Meng-tzu schließt aus einem Bild darauf, daß diese Eigenschaften angeboren sind: Wenn ein Kleinkind in den Brunnen falle, dann stelle sich bei allen Menschen gleichermaßen das Gefühl von Sorge und Mitleid ein, und dies liege nicht an besonderen verwandtschaftlichen oder freundschaftlichen Gefühlen.

Zu diesen vier angeborenen Kardinaltugenden, die ja mit Ausnahme des ersten Elements durchaus mit ihren griechischen Äquivalenten Weisheit, Gerechtigkeit, Mäßigung und Tapferkeit zu vergleichen sind, tritt mit der Glaubwürdigkeit (*hsin*) an anderer Stelle noch eine fünfte hinzu. Interessanterweise ist die Tapferkeit (*yung*) eine Tugend, die von Konfuzius noch mehrfach erwähnt wird, die aber im Laufe der Zeit für das konfuzianische Denken immer mehr an Bedeutung verlor. Das heißt zwar nicht, daß sie generell verworfen worden wäre. Im Gegenteil: Es gibt zahlreiche chinesische Helden, die auch von konfuzianischen Gelehrten verehrt wurden. Doch wenn zwischen Tapferkeit und Klugheit oder Menschlichkeit zu wählen ist, dann haftet ersterer in chinesischen Werken zumeist ein Element der Roheit an, der blinden Kühnheit, die letztlich nicht gutgeheißen wird. Dies ist wohl einer der markantesten Unterschiede nicht nur der konfuzianischen, sondern der gesamten chinesischen Tradition gegenüber dem europäischen Denken.

Mit der Erweiterung auf fünf Kardinaltugenden schließt diese Lehre an die ebenfalls von Meng-tzu festgelegte Theorie von den sogenannten Fünf Beziehungen (*wu lun* oder *wu ch'ang*) an, nämlich den Verhältnissen der verwandtschaftlichen Nähe (*ch'in*) zwischen Vater und Sohn, der Rechtlichkeit (*i*) zwischen Fürst und Untertan, der Trennung der Sphären (*pieh*) bei Mann und Frau, der rechten Reihenfolge (*hsü*) zwischen Älteren und Jüngeren und der Glaubwürdigkeit (*hsin*) unter Freunden (MT 3A/4). Dieser Versuch, Ordnung in einander potentiell widersprechende Loyalitätsverhältnisse zu bringen, ist zu einer der zentralen Doktrinen des Konfuzianismus geworden. Die Fünf Beziehungen waren auch der Hauptangriffspunkt, als im 20. Jahrhundert der Konfuzianismus verworfen wurde.

Meng-tzu geht also davon aus, daß der Mensch von seinem Wesen her gut ist und das Potential dazu hat, seine Umwelt positiv zu gestalten. Widrige Einflüsse von außen sind der Grund dafür, daß die Welt dennoch nicht so aussieht, wie sie könnte. Er vergleicht dieses Phänomen mit einem einst bewaldeten Berg, der abgeholzt wurde. Das nachwachsende Gestrüpp weideten Rinder und Schafe ab. Das Kahlsein aber sei nicht das wahre Wesen des Berges, und ebenso sei auch verderbtes Verhalten eines Menschen nicht sein ursprüngliches Wesen, sondern von äußeren Umständen herbeigeführt. Daran schließt sich die Mahnung an die Schüler, ihr gutes Herz nicht fahren zu lassen, sondern auf es zu achten. Oft spricht Meng-tzu von den Weisen des Altertums, nämlich den mythischen Kaisern Yao und Shun oder Yü (dem Gründer der Dynastie Hsia), von T'ang (dem Gründer der Shang) und den Königen Wen und Wu sowie dem Herzog von Chou. Mit dem Etikett des «Weisen» ist bei ihm aber auch Konfuzius gemeint. Er betont, daß in jedem Menschen dieselben Anlagen steckten wie in diesen Weisen und daß es die Aufgabe des einzelnen sei, ihnen nachzueifern.

Diese positiven Grundannahmen über den Menschen führen andererseits auch zu fast als sozialrevolutionär zu bezeichnenden Gedanken: Wenn nämlich ein jeder Mensch gut sein kann und dies nur von den äußeren Umständen abhängt, dann muß es die erste Aufgabe eines jeden Herrschers sein, für sein Volk die idealen Voraussetzungen zu schaffen. Tut er dies nicht, dann darf das Volk ihn absetzen –»der Auftrag des Himmels ist nicht dauerhaft», zitiert Meng-tzu ein Lied. So wie der Herrscher sein Volk behandelt, so wird es auch auf ihn reagieren. «Was von Dir ausgeht, das wird auf Dich zurückfallen», in dieser Weise habe Meng-tzu zufolge der Konfuziusschüler Tseng Ts'an die Goldene Regel abgewandelt (MT 1B/12). An manchen Stellen wird Meng-tzu noch konkreter: Eine Landreform sei durchzuführen, der Boden sei in gleiche Parzellen aufzuteilen, von denen dann neun Parzellen von jeweils acht Familien bewirtschaftet werden sollten. Das neunte Feld in der Mitte aber solle für die Allgemeinheit bestellt werden, es sei die Steuerleistung der acht Familien. Dieses wegen seiner schematischen Ähnlichkeit mit dem chinesischen Zeichen für den Brunnen unter dem Namen «Brunnenfeldsystem» bekannt gewordene Modell hat Geschichte gemacht: Wann immer Landverteilungsprobleme drängend wurden, haben es konfuzianische Berater zitiert.

Der gute Herrscher also regiert nicht mit Gewalt, sondern mit Charisma (*te*, in der Sinologie zumeist mit «Tugend» übersetzt). «Lenkt man das Volk mit Regierungsmaßnahmen und ordnet es mit Strafen, dann weicht es aus und kennt keine Scham. Lenkt man es mit Tugend und ordnet es mit Sittlichkeit, dann kennt es Scham und ordnet sich ein», so heißt es in den *Gesprächen* in einem Passus, der oft herangezogen wird, um zu belegen, daß die konfuzianische Tradition sich gegen festgeschriebene harte Gesetze wandte und für die ungeschriebenen Sitten plädierte (LY 2.3). Er erlaubt seinem Berater, als Korrektiv zu agieren. Mit dieser Ausformulierung von in den *Gesprächen des Konfuzius* im Kern angelegten Gedanken ist das konfuzianische Herrscherideal im wesentlichen ausgebildet. Mit Charisma herrschen, das heißt, Menschen durch die eigene Ausstrahlung, aber auch durch geschicktes Handeln an sich binden, so daß sie im eigenen Orbit bleiben. Diese Fähigkeit gehört zu den wichtigsten Tugenden überhaupt.

8. Der Philosoph Hsün-tzu

Obzwar die Ideen des Meng-tzu von entscheidender Bedeutung für ein Verständnis des späten Konfuzianismus sind, dauerte es über ein Jahrtausend, bis sie sich wirklich durchsetzen konnten. Zunächst jedoch wurden sie von denen des nüchternen Denkers Hsün-tzu (ca. 300–235 v. Chr.) in den Schatten gestellt, dessen Lehren zumindest während des 3. und des 2. Jahrhunderts v. Chr. weitaus mehr Einfluß ausgeübt zu haben scheinen als diejenigen des kaum beachteten Meng-tzu. Auch Hsün-tzu hält Menschlichkeit und Rechtlichkeit für die Kardinaltugenden des Menschen, und auch er geht von einer Sonderstellung des Menschen im Kosmos aus: «Wasser und Feuer haben Energie, aber kein Leben. Gräser und Bäume haben Leben, aber kein Bewußtsein. Vögel und Tiere haben Bewußtsein, aber kein Rechtlichkeitsempfinden. Der Mensch aber hat Energie, hat Leben, Bewußtsein und auch Rechtlichkeitsempfinden. Daher ist er das edelste [Wesen] unter dem Himmel.» (Hsün-tzu 9) Der Edle, der ja auch das Kultivierungsideal des Konfuzius ist, könne daher mit Himmel und Erde eine Dreiheit bilden, ein Ausspruch, der sich nebenbei bemerkt in mehreren zeitgenössischen konfuzianischen Texten findet und auf die Hochschätzung des Menschen als Krone der Schöpfung in deren Denken verweist. Übrigens geht der heute für die chinesischen Geheimgesellschaften verwendete Begriff der Triade auf diesen Gedanken zurück – auch er nimmt die Möglichkeit der Kultivierung des einzelnen, der das höchste Prinzip der Welt werden kann, als Ausgangspunkt.

Mit Himmel und Erde eins zu sein ist eine Fähigkeit, die laut Hsün-tzu und später allen konfuzianischen und auch vielen nichtkonfuzianischen Denkern zufolge erlernt werden kann. Sie ist Ausdruck von Weisheit (*sheng*) und damit die höchste Kapazität des Menschen. Um zu ihr zu gelangen, lernt der Mensch an den Dingen der Welt und versucht sich ihrem Lauf anzupassen. Wer dies zu solcher Vollkommenheit gebracht hat, daß er in seinen Handlungen mit keinem Ding und keiner Angelegenheit mehr in Konflikt kommt, dessen Charisma (*te*) ist so groß, daß er mit Himmel und Erde eins geworden ist. Er ist der Weise (*sheng-jen*), von dem auch schon bei Meng-tzu die Rede war. Wie die *Gespräche des Konfuzius* beginnt übrigens auch der Hsün-tzu-Text mit einem Kapitel über das Lernen.

Zur äußeren Strukturierung der Welt dienen bei Hsün-tzu die «Riten» oder wie oben dargelegt die «Sitte» (*li*). Auch bei ihm geht es dabei nicht etwa um religiöse Kulthandlungen – überhaupt hat der chinesische Ritenbegriff von dieser Zeit an nur bedingt mit Religion zu tun –, sondern vielmehr um eine notwendige Ordnung der Menschenwelt. Wie eine Reihe von nichtkonfuzianischen Denkern der Epoche hat auch Hsün-tzu eine nüchternere Auffassung vom Wesen des Menschen als Meng-tzu, den er explizit kritisiert: Seiner Meinung nach ist das Wesen des Menschen schlecht und bedarf deshalb der Disziplinierung eben durch Lernen, aber auch durch sittliches Betragen.

Ein anschauliches Beispiel dafür, was hier mit *li* gemeint ist, erzählen die *Aufzeichnungen des Historiographen*: Als nämlich die Dynastie Han gerade gegründet worden war, wollte deren erster Herrscher Liu Pang (reg. 202–194 v. Chr.), besser bekannt unter seinem posthumen Titel Kao-tsu, Belehnungen seiner verdienten Mitstreiter vornehmen. Kaum jedoch hatte er damit begonnen, da brach auch schon ein Streit darüber aus, wer denn den Vortritt haben dürfe. Binnen kurzem herrschte ein heilloses Durcheinander, dem Kao-tsu nur noch dadurch beikommen konnte, daß er einen konfuzianischen Berater eilig ein Hofzeremoniell entwerfen ließ, dem sich die altgedienten Kämpen unterzuordnen hatten. Nun konnten die Belehnungen in aller Ruhe durchgeführt werden. «Jetzt erst weiß ich, was es bedeutet, Herrscher über das Reich zu sein», soll Kao-tsu ausgerufen haben. «Ordnung» ist in dieser Anekdote bereits der entscheidende und fast geheiligte Zweck, der Denken und Argumentation eines jeden konfuzianischen Beraters späterer Generationen geprägt hat. Des Beraters Daseinsberechtigung leitet sich davon ab, daß er weiß, wie mit Hilfe von Traditionsrecht und zeremoniell korrektem Betragen Ordnung in eine Welt gebracht werden kann, die sich chronisch im Zustand des Aufruhrs befindet. Riten haben ihre Daseinsberechtigung also aus der Überlegung heraus, daß sie zivilisierend wirken; der Mensch ohne Kenntnis der Riten befindet sich im Zustand ungeschlachter Barbarei. In späteren Zeiten ist dieser recht rational geprägte Ritenbegriff allerdings etwas in den Hintergrund getreten, um einem komplizierten Geflecht von Höflichkeiten und Rücksichten Platz zu machen.

Zum Zwecke der Schaffung von Ordnung (*li*), einem übrigens semantisch sicherlich mit dem homophonen Wort für Sitte (*li*) mindestens verwandten Ausdruck, dient auch das Schlagwort von der Richtigstellung der Bezeichnungen, der Hsün-tzu ein ganzes Kapitel gewidmet hatte. Von einem Schüler gefragt, was er als erstes täte, wenn ihn der Herrscher des Staates Wei für die Regierung seines Landes anstellte, soll Konfuzius gesagt haben: «Auf jeden Fall die Bezeichnungen richtig stellen!» Als der Schüler dies abwegig fand, gab Konfuzius zurück: «Wenn die Bezeichnungen nicht richtiggestellt sind, dann sind die Worte nicht gehorsam, und wenn die Worte nicht gehorsam sind, dann gelingen die Dienste nicht. Wenn die Dienste nicht gelingen, dann nehmen Riten und Musik keinen Aufschwung und wenn dies passiert, dann treffen Strafen und Bußen nicht zu. Wenn Strafen und Bußen nicht zutreffen, dann weiß das Volk nicht, wohin es Hände und Füße setzen soll. Daher sind bei einem Edlen die Bezeichnungen beschreibbar und die Worte sind umsetzbar. Der Edle ist bei seinen Worten in nichts nachlässig!» (LY 13.3) Hsün-tzu läßt diesen Ausführungen des Konfuzius eine ganze Reihe von Begriffsdefinitionen folgen.

Vermutlich haben wir den Grund für das Beharren auf den «Bezeichnungen» darin zu sehen, daß alle Lehren der Epoche sich mit diesem Begriff auseinandersetzen. Die Daoisten zum Beispiel stehen, wie schon im Einleitungssatz zu ihrem Patronatstext, dem «Leitfaden zu Weg und Tugend» (*Tao-te ching*) zum Ausdruck kommt, der Aussagekraft aller Namen grundsätzlich skeptisch gegenüber. Vor allem aber scheint sich die Lehre von der Richtigstellung der Bezeichnungen gegen die starke Strömung der Rhetoriker zu richten, welche Menschen dazu ausbildeten, mit Hilfe von rhetorischen Fertigkeiten auch abwegigen Meinungen zum Erfolg zu verhelfen. Diese intellektuelle Strömung, deren Fertigkeiten vor allem für das Rechtswesen und für die Diplomatie benötigt wurden und die in frühen Systematiken als Angehörige der «Namensschule» (*ming-chia*) bezeichnet werden, standen offensichtlich in Konkurrenz zu den immer auf den Worten «geradeheraus», «ehrlich» und «aufrecht» beharrenden Konfuzianern – und sie waren offensichtlich erfolgreicher als diese. Wegen der These von der Notwendigkeit der «Richtigstellung der Bezeichnungen» wird die konfuzianische Schule in späterer Zeit häufig als die Namenslehre (*ming-chiao*) bezeichnet, wobei hier Verwechslungen mit der «Namensschule» möglich und vielleicht sogar beabsichtigt sind, denn diese wie jene beanspruchen für sich eine Art Oberhoheit über die Begrifflichkeit des politischen Lebens.

II. Konfuzianismus und der chinesische Staat

1. Die Verfolgung konfuzianischer Lehren und ihr Triumph

Zu wirklichem Ruhm scheinen Anhänger der konfuzianischen Schule zunächst kaum gelangt zu sein. Dennoch bezeugen eine Reihe von Bemerkungen insbesondere im Werk des Han Fei, daß sie für ihre Fähigkeit bekannt waren, zu allen Vorgängen des damaligen Lebens historische Präzedenzfälle zu finden und dann zum Teil eigenwillige Schlußfolgerungen hinsichtlich der Bewertung daraus zu ziehen. In den Augen des heranwachsenden bürokratischen Staates, der sich, wie von der modernen chinesischen Archäologie geborgene Texte des 3. und 2. Jahrhunderts v. Chr. belegen, immer stärker auf ein kodifiziertes Gesetzeswerk stützen wollte, stellte dieses Verhalten eine Gefahr dar. Der Erste Kaiser von Ch'in – nichts anderes bedeutet der weithin bekannte Name Ch'in Shih Huang-ti – erließ deshalb in den Jahren 214 und 213 v. Chr. Verbote gegen die Gelehrten. Kein Manuskript des *Buchs der Lieder* oder der *Urkunden* sollte mehr in Privathand bleiben dürfen. So sollten die Gebildeten die Quellen verlieren, anhand derer sie gegen Gesetzesregeln argumentieren konnten. Zu diesem Kampf gegen alte Traditionen gehörte auch, daß der Herrscher die unterschiedlichen kursierenden Schriftsysteme vereinheitlichen ließ, so daß nur noch seine neue Kanzleischrift gebraucht wurde, die dann tatsächlich die Zeiten bis ins 20. Jahrhundert weitgehend unverändert überdauert hat.

Jedoch brach die Herrschaft der Dynastie Ch'in schon wenige Jahre später zusammen. Kao-tsu, der erste Herrscher der Han, kam aus kleinen Verhältnissen und hielt nicht viel mehr von den Gelehrten als sein Vorgänger – er soll den konfuzianischen Beratern, die ihn aufsuchten, gerne die Kappen abgenommen haben, um dann genüßlich sein Wasser dahinein abzuschlagen –, doch ließ er sich wie dargelegt von der Notwendigkeit eines Hofzeremoniells überzeugen. Gebildete hatten danach am Hofe eine gewisse Daseinsberechtigung, insgesamt aber spielten sie eine eher untergeordnete Rolle.

Erst unter dem sechsten Kaiser der Han, dem für seine Expansionspolitik nach Zentralasien und Südchina bekannten Kaiser Wu, traten substantielle Änderungen ein. Auf Vorschlag eines seiner Berater soll er eine Kaiserliche Hochschule gegründet haben, an der einzelne Lehrstühle für Gelehrte eingerichtet wurden, die unterschiedliche Auslegungstraditionen zu den kanonischen Schriften unterrichten konnten. Dies waren zwar nicht die allerhöchsten Amtspositionen, die der Staat zu vergeben hatte, doch dienten sie als Sprungbrett für höhere Weihen. Fünfzehn solcher Gelehrter soll es nach mehreren Erweiterungen am Ende des 1. Jahrhunderts gegeben haben, die jeweils eine spezielle Schulgelehrsamkeit zu einem einzelnen Text unterrichteten: vier verschiedene Traditionen zum *Buch der Wandlungen*, jeweils drei zu den *Liedern*, den *Urkunden* und den *Riten* sowie zwei zu den *Frühlings- und Herbstannalen*. Ihnen zugeteilt waren Studenten, die zunächst ebenfalls in einer Art Anstellungsverhältnis standen. Absolventen dieser Hochschulausbildung wurden Prüfungen unterzogen und nahmen alsdann Positionen in der sich langsam ausdehnenden staatlichen Bürokratie ein. Dies war nicht die einzige Möglichkeit, in den Staatsdienst zu treten, aber eine besonders wesentliche. So erfolgreich war die Neuerung des Kaisers Wu, daß die Hochschule Mitte des 2. nachchristlichen Jahrhunderts zum Zentrum des geistigen Lebens im Reich avancieren konnte und über dreißigtausend Studenten beherbergte. Alle großen späteren Dynastien bis zum Ende des Kaiserreiches haben Hochschulen mit Doktoren für die fünf kanonischen Schriften (*wu ching*) in ihrer Hauptstadt unterhalten.

Bei der Gründung der Hochschule der Han war es weniger darum gegangen, die Lehren des Konfuzius in einem philosophischen oder gar religiösen Sinne zu fördern, als vielmehr darum, für das ganze Reich einen allgemeinverbindlichen Ausbildungsstandard zu schaffen – wenn auch die konfuzianische Betonung des Allgemeinwohls vor den Privatinteressen natürlich im Sinne eines jeden Herrschers war. Unter diesen Umständen verwundert es nicht sehr, daß die eigentlichen Inhalte der Lehren des Konfuzius etwas in den Hintergrund traten. Die *Gespräche des Konfuzius* scheinen, ebenso wie die kanonische Schrift der Kindesliebe (*Hsiao-ching*), ein Schulbuchtext für die Kinder gewesen zu sein, die noch nicht in die komplizierten fünf großen kanonischen Schriften eingeführt werden konnten. Obwohl Konfuzius in der politischen und geistigen Argumentation des 1. Jahrhunderts v. Chr. zu einer unangefochtenen Autorität heranwuchs, zeichnete sich ein Konfuzianer dieser Epoche weniger durch strikte Befolgung der moralischen Vorschriften aus als vielmehr durch Kenntnis einer einzelnen kanonischen Schrift und ihrer anhängigen Kommentartradition. Schon im 1. und im 2. Jahrhundert n. Chr. wird übrigens die Praxis, kanonisches Wissen primär für die Zulassung zum Beamtenapparat zu erwerben und weniger die eigene moralische Besserung anzustreben, heftig kritisiert.

2. Der Konfuzianismus der Han

Inhaltlich ist der sogenannte Konfuzianismus der Zeit der Han von einem erheblichen Eklektizismus gekennzeichnet. Mehrere wahrscheinlich auf das erste Jahrhundert zurückgehende Anekdotensammlungen enthalten Geschichten aus dem Leben des Konfuzius, die in bestimmte Zusammenhänge eingeordnet werden, welche auf den ersten Blick gar nicht konfuzianisch aussehen. So trägt das erste Kapitel der Sammlung *Garten der Argumente* (*Shuo-yüan*) des Palastbibliothekars Liu Hsiang (79–6 v. Chr.) den Titel «Der Weg des Fürsten», und es beginnt mit einer Anekdote über die Vorzüge des Nicht-Handelns, einer Tugend, die klassischerweise dem Taoismus zugeordnet wird, obwohl einzelne Passus der *Gespräche des Konfuzius* in eine ähnliche Richtung weisen. Yang Hsiung (53 v. Chr.–18 n. Chr.), ein Gelehrter, der sich als Konfuzianer verstand und in Anlehnung an die Struktur des *Buchs der Wandlungen* einen eigenen Divinationstext mit dem Titel *Leitfaden für das Höchst Dunkle* (*T'ai-hsüan ching*, ein taoistisch anmutender Titel) und an diejenige der *Gespräche* die *Modellhaften Worte* (*Fa-yen*) verfaßte, lernte bei einem auf den taoistischen Patronatstext *Tao-te ching* sowie das *Buch der Wandlungen* spezialisierten Lehrer.

In historischen Texten der Zeit, insbesondere in dem aus eigenem Selbstverständnis heraus konfuzianisch beeinflußten *Buch der Han* (*Han-shu*) des Pan Ku (32–92 n. Chr.), treten Konfuzianer vor allem als Spezialisten für die Deutung von Omina anhand der Lehren vom Dualismus von Yin und Yang oder von den Fünf Elementen (Wasser, Feuer, Erde, Holz und Metall) hervor. Sonnenfinsternisse wurden dabei zum Beispiel als ein typisches Anzeichen für das Übergreifen des dunklen Yin auf das klare Yang und damit als Vormachtstellung eines starken Untertanen gegenüber einem schwachen Kaiser ausgelegt. Nach diesem Muster konnten auch zwischen Feuersbrünsten oder Überschwemmungen und der Tagespolitik direkte Bezüge hergestellt werden. Solche von Joseph Needham als «pseudowissenschaftlich» bezeichneten Künste gehen ebenfalls auf nicht unbedingt als konfuzianisch zu bezeichnende Doktrinen des 4. und 3. Jahrhunderts v. Chr. zurück. Insgesamt muß man also in dieser Zeit eher von einem Synkretismus verschiedenster Strömungen ausgehen, innerhalb derer der klassische Konfuzianismus – so man von diesem als einer historisch existenten Strömung überhaupt sprechen kann – nur ein kleiner Bestandteil ist.

Attraktiv für den Herrscher, der die konfuzianischen Lehren zur Staatsdoktrin machte, dürfte die Tatsache gewesen sein, daß in keiner anderen Tradition die Loyalität des Untertanen seinem Herrn gegenüber so sehr zur Maxime erhoben worden war, wenn auch gepaart mit der Pflicht zur ständigen Ermahnung. Das Bild des kritisch loyalen Mahners, der seinem Herrscher trotz Gefahr für Leib und Leben unangenehme Wahrheiten auf den Kopf zusagt, ist vielleicht der für das staatliche Funktionieren im Kaiserreich einflußreichste Teil der Lehren und des Verhaltens des Konfuzius geworden.

Zum Leitklassiker der Han wurden die *Frühlings- und Herbstannalen*. Tung Chung-shu (179–104 v. Chr.), der Gelehrte, auf den der Vorschlag zum Bau der Hochschule zurückgehen soll, war ein Spezialist für die auf einen Mann namens Kung-yang Kao zurückgehende Auslegung der *Annalen*. Herzstück der Ansichten des *Kung-yang*-Kommentares war die Behauptung, Konfuzius habe in diesem Text das Modell einer vorbildlichen Königsherrschaft niedergelegt. Der Kommentar endet mit der Aussage, Konfuzius habe die *Annalen* geschrieben, um damit «einem Weisen der Nachwelt aufzuwarten». Tung Chung-shu zitierte diese Stelle in einer seiner Throneingaben, die zur Etablierung der Hochschule führten, fast wörtlich. Und der Subkommentar des Ho Hsiu (129–182 n. Chr.) zum Kung-yang, der Ende des 2. Jahrhunderts n. Chr. geschrieben wurde, als das Ende der Han nahezu greifbar war, identifiziert den Weisen, von dem Kung-yang spricht, eindeutig mit dem Gründer der Han.

Gegen Ende des 1. vorchristlichen Jahrhunderts zeigt sich in der politischen Argumentation immer deutlicher der Trend, eigene politische Ansichten mit der Formel «die rechte Ansicht der Frühlings- und Herbstannalen lautet» zu würzen. Jedoch beteiligt sich an dieser Praxis nur eine bestimmte Gruppe von Beamten, vor allem solche, die ursprünglich reichen Landbesitzerfamilien aus Ostchina entstammen. Anhand der *Annalen*, aber auch anderer kanonischer Schriften, vor allem der *Lieder* und der *Urkunden*, optieren sie für einen schwächeren Staat, der nicht in die Belange der großen Familie eingreift. Wie schon zu Zeiten des Ersten Kaisers der Ch'in dient der Rekurs auf kanonische Schriften als Instrument der Opposition gegen gesatztes Recht. Daneben bedeutet konfuzianische Argumentation für die Vertreter dieser Strömung vor allem das Schlagwort von der Rückkehr zum gelobten politischen System, wie es zu Anfang der Dynastie Chou und unter den zuvor herrschenden idealen Kaisern und Königen geherrscht habe. Dies ist eine wichtige Entwicklung, denn auch in späteren Zeiten sollten Konfuzianer ihre Utopievorstellungen fast immer in die Vergangenheit, auf die Zeit des Beginns der Dynastie Chou oder gar auf ein noch weiter zurückliegendes goldenes Zeitalter weiser Herrscher projizieren. Konfuzius galt seinen Anhängern in der Zeit der Han also vor allem als Prophet einer idealen Staatsordnung.

Den großen Familien stehen aus einfacheren Verhältnissen stammende Beamte gegenüber, die ohne konfuzianische Ausbildung avancieren und den Staat als ihren natürlichen Verbündeten ansehen. Ein zentrales Dokument aus dieser Epoche, in dem der Konflikt zwischen beiden Gruppen minutiös dargestellt ist, sind die *Diskussionen über Salz und Eisen* (*Yen-t'ieh lun*), die ihren Titel zwar nach einer wirtschaftlichen Auseinandersetzung über die Rechtmäßigkeit staatlicher Monopole beim Handel mit wichtigen Gütern erhalten haben, in deren über sechzig Kapiteln jedoch viel mehr Streitpunkte abgehandelt werden. In den Diskussionen zwischen Konfuzianern und Karrierebeamten geht es in erster Linie um die Selbstrepräsentation des Staates in Krieg und im Kult, also in den Opfern an die Ahnen der Dynastie, aber auch an bestimmte zum Teil im Volksglauben verankerte Gottheiten. Den an den kanonischen Schriften gebildeten Vertretern großer Familien Ostchinas gelingt es gegen Ende des 1. vorchristlichen Jahrhunderts, die staatlichen Kulte auf lokaler Ebene stark einzuschränken und auch in der Hauptstadt des Reiches zu vereinheitlichen. Aus dieser Zeit stammt das bis zum Ende des Kaiserreichs im Jahr 1911 praktizierte zentrale Opfer an Himmel und Erde als wichtigster staatlicher Kult. Die Auseinandersetzungen über den Staatskult sind auch deshalb für unser Thema so wichtig, weil nach seiner Einführung zu allen Zeiten, ganz egal, ob eine Dynastie taoistische oder buddhistische Präferenzen hatte, an kanonischen Schriften geschulte Gelehrte bei Hofe dienen mußten, um eine korrekte Durchführung der Staatsopfer zu gewährleisten. Die staatliche Verankerung der mit konfuzianischer Lehre identifizierten Kenntnis kanonischer Schriften war damit ein für allemal gesichert.

3. Alte und neue Texte

Mit dem Konflikt zwischen Zentralbeamten und großen Familien ging eine Erweiterung des Kanons der verbindlichen Schriften einher. Die neu hinzukommenden Texte wurden auf unterschiedlichste Arten aufgefunden. Manche sollen im Volk tradiert worden sein, andere kamen an den Hof eines Lehnskönigs, der sich dadurch profilierte, daß er in seinem Machtbereich Texte sammeln ließ, und schließlich sollen bei einer Erweiterung des Hauses von Konfuzius in Lu aus einer Mauer Schriften zutage gefördert worden sein, die vermutlich zur Zeit der Verbote des Ersten Kaisers der Ch'in vergraben worden waren. Gemeinsam war all diesen neu geborgenen Werken, daß sie noch in der vor der Vereinheitlichung geltenden alten Schrift abgefaßt waren, beziehungsweise zahlreiche alte und unverständliche Zeichen enthielten, zu denen erst Glossen geschrieben werden mußten. Aufgrund dieses Merkmals bezeichnete man diese Texte als «Alttextschriften» (*ku-wen*) im Gegensatz zu den Neutextschriften (*chin-wen*), einem allerdings erst später als Analogie aufkommenden Begriff, mit dem die kanonischen Schriften gemeint sind, die an der Hochschule gängig waren und von denen deshalb Versionen existierten, die in Kanzleischrift geschrieben waren.

Vier «Alttexte» traten zum etablierten Kanon hinzu: (1) die sogenannte Mao-Auslegungstradition zum *Buch der Lieder*, welche die anderen drei Traditionen bald als autoritative Version ablöste; (2) der historiographische Annalenkommentar *Tso-chuan*, der die beiden eher exegetischen Kommentare *Kung-yang* und *Ku-liang* in den Schatten stellte; (3) eine Altschriftfassung des *Buches der Urkunden* und (4) ein Text mit dem Namen *Riten – bzw. Ämter – der Chou* (*Chou-li* bzw. *Chou-kuan*). Der zuletzt genannte Text stammt wohl aus der Zeit vor den Han und ist ein utopischer Versuch, in systematischer Form das Amtssystem der Chou darzustellen. Er bildete später zusammen mit dem eigentlichen Ritenklassiker *I-li* (dem *Buch der Zeremonien* oder vielleicht besser: *Standardzeremonien*) sowie den *Aufzeichnungen zu den Riten* (*Li-chi*), einem recht heterogenen Sammelsurium verschiedenster unter den Han als Kommentare aufgefaßter Ritentexte, das Grundgerüst für alle rituellen Fragen. Im *I-li* sind die Standards für die wichtigsten Zeremonien des Lebens gelegt: Es beginnt mit Kapiteln über die Mannbarkeitszeremonie, darauf folgen ausführliche Regeln für die Hochzeit, für Besuche und für Festivitäten im Dorf sowie für die große Bogenschießzeremonie, die schon in den *Gesprächen des Konfuzius* als ein Höhepunkt des dörflichen Zusammenlebens erwähnt ist. Den größten Raum aber nehmen detaillierte Ausführungen zu Trauerfeierlichkeiten ein. Zumindest einzelne Teile des *Li-chi* dürften ursprünglich Kommentare zu den in den *Standardzeremonien* beschriebenen Sitten sein.

Die neu hinzukommenden Texte wurden nicht einhellig mit Begeisterung begrüßt, denn eine größere Vielfalt an kanonischen Grundlagen bedeutete auch eine Zunahme an argumentativer Basis für divergierende politische Ansichten. Eine nur in Form von Zitaten erhaltene Quelle, die etwa um 100 n. Chr. verfaßt wurde und einzelne Streitpunkte zwischen Anhängern der «alten» und der «neuen» kanonischen Schriften auflistet, legt nahe, daß die Alttextschriften vor allem der Argumentation der Zentralbeamten dienten, während sich die dem starken Staat entgegengesetzten Familieninteressen eher auf die an der Hochschule etablierten Neutextschriften beriefen. Vielleicht ist dieses Schema aber auch erst retrospektiv zur Absicherung bestimmter Meinungen herangezogen worden. Den von der zeitgenössischen chinesischen Historiographie als völlig überzogene und nicht praktikable konfuzianische Rhetorik lächerlich gemachten Höhepunkt der Bewegung des «Zurück zu den Chou», die von diesen Familieninteressen gelenkt war, stellte das Interregnum des Wang Mang dar, der die Dynastie Han im Jahr 9 n. Chr. stürzte und bis 23 n. Chr. herrschte, bevor eine Seitenlinie der Han das Herrscherhaus restaurieren konnte. Wang Mang verschaffte auch Vertretern der vier Alttextschriften Lehrstühle an der Hochschule, wahrscheinlich im Sinne eines Ausgleichs zwischen den widerstreitenden Positionen. Dennoch zeigt ein Vergleich zwischen historiographischen und kanonischen Quellen, daß er großenteils Formulierungen gebrauchte, die auch in der Neutextexegese genutzt wurden.

Unter den Späteren Han (25–220 n. Chr.) kam es zu zahlreichen Diskussionen, bei denen Klassikerstreitigkeiten beigelegt werden sollten. Die wichtigste dieser Debatten fand im Rahmen eines vom dritten Kaiser der Späteren Han einberufenen Gelehrtentreffens in der sogenannten Weißen Tigerhalle des Kaiserpalastes statt. Ergebnisse wurden in einem Kompendium festgehalten, das heute unter dem Namen *Diskussionen aus der*

Weißen Tigerhalle (*Po-hu t'ung*) in großen Teilen erhalten ist und das in späterer Zeit als nahezu kanonische Quelle zur Schlichtung von Streitfragen diente. Die Zeit der Späteren Han ist zudem eine Epoche der intensiven Kommentartätigkeit. In verschiedenen Textstellen wird gegen die Länge der damals entstandenen Kommentare polemisiert, die angeblich in Extremfällen zur Auslegung der Bedeutung von zwei Zeichen des Urtextes zehntausende weiterer Zeichen benötigten, eine Kritik, die übrigens in ähnlichen Worten auch schon im 2. Jahrhundert v. Chr. an den «ju» geäußert wurde. Trotz der institutionellen Bedeutung, die jeder Klassikerauslegung zukam, wurde die amtliche Beschäftigung mit den kanonischen Schriften offenbar in zunehmendem Maße als verknöchert empfunden. Dies führte dazu, daß sich mehrere Zentren bildeten, an denen Privatgelehrte ihre eigenen Ansichten an eine ständig zahlreicher werdende Schülerschaft weitergaben. Die wichtigsten dieser Privatgelehrten waren Ma Jung (79–166 n. Chr.) und Cheng Hsüan (127–200 n. Chr.). Besonders auf die Tätigkeit des letzteren gehen bis heute mehrere in jeder Ausgabe der kanonischen Schriften an erster Stelle aufgeführte Auslegungen zurück. Vermutlich um ein Gegengewicht gegen die immer stärkere Diversifizierung der Auslegungsstandards zu schaffen, wurden gegen Ende des 2. Jahrhunderts in einem Kraftakt der schwächer werdenden Zentralmacht die kanonischen Schriften in den als orthodox angesehenen Neutextversionen in Stein gemeißelt und an der Hochschule als Lehrmaterial für alle Studenten aufgestellt. Einige wenige Bruchstücke dieser Steinklassiker konnten zu Beginn des 20. Jahrhunderts von der jungen chinesischen Archäologie geborgen werden.

Bei aller Hochschätzung, die dem Konfuzius unter den Han entgegengebracht wurde, sei nicht vergessen, daß aus dieser Zeit auch ein Text stammt, in dem Konfuzius von einem Angehörigen der Bildungselite, einem *ju* also, heftig in Frage gestellt wurde. Wang Ch'ung (ca. 30–ca. 100 n. Chr.) macht in einem Kapitel seiner *Kritischen Erörterungen* (*Lun-heng*), das den Titel «Fragen an Konfuzius» trägt, eine Reihe von despektierlichen Bemerkungen zu Unstimmigkeiten in den *Gesprächen des*

Konfuzius. Doch muß er wohl als Ausnahme gelten, denn andererseits verfügen wir auch über Textfragmente der oben angesprochenen apokryphen Schriften, in denen Konfuzius zum Weisen mit übermenschlichen Qualitäten überhöht wird. Allerdings sehen wir bei anderen Gelehrten der Zeit, daß sich bestimmte Ideale des Konfuzius weit verbreitet hatten. Bei Wang Fu (ca. 90–165 n. Chr.) beispielsweise wird er häufig als Autorität herangezogen. Wang Fu schaffte offensichtlich den ersehnten Eintritt in die Beamtenlaufbahn nicht und fand Trost in den Biographien der armen, aber moralisch ungebrochenen Konfuziusschüler, die ein ähnliches Schicksal erlitten hatten. Damit wird das später oft eher mit taoistischen Idealen assoziierte Bild des weltflüchtigen Einsiedlers, eigentlich ein Gegenbild zum Ideal des Konfuzius, fester Bestandteil konfuzianischer Lehren dieser Zeit.

4. Konfuzianische Auseinandersetzungen mit Buddhisten und Taoisten

Neuere Schriftfunde legen nahe, daß die Grenzen zwischen den einzelnen Schultraditionen von Konfuzianern, Taoisten, Yin-Yang-Spezialisten oder auch Anhängern des Mo-tzu wesentlich fließender gewesen sein dürften, als dies die ältere Sinologie angenommen hat. Klassifikationen dieser Traditionen, die uns aus der Zeit der Han vorliegen, verweisen vielleicht eher auf bestimmte Charakteristika, die bei der Beamtenauswahl zu Beginn der Han ausschlaggebend waren, als man noch Vertreter der einzelnen Traditionen antreffen konnte, denn auf philosophische Unterschiede zwischen echten Schulen. Aus dem beginnenden 3. Jahrhundert soll mit einem Kapitel aus den *Aufzeichnungen über Menschen und Dinge* (*Jen-wu chih*) des Liu Shao (Anfang 3. Jahrhundert) ein ähnlicher Katalog stammen, in dem die Bezeichnung *ju* nur als eine unter mehreren Qualifikationen genannt wird, die bei Beamtenanwärtern anzutreffen sind – die *ju* werden in diesem offensichtlich polemischen Text übrigens als Männer bezeichnet, die zwar das Erbe der Weisen des Altertums weitergeben könnten, aber zur Staatsführung nicht befähigt seien.

Aufgrund solcher Aussagen erscheint es für die Zeit bis zum 3. Jahrhundert nicht sinnvoll, die Bezeichnung *ju* tatsächlich als Einschätzung einer tiefen und einheitlichen konfuzianischen Werteprägung der charakterisierten Person zu verstehen. Vielmehr sollte man davon ausgehen, daß in solchen Fällen die Rede von Personen sein soll, welche einzelne konfuzianische Schriften und Lehren tradieren, vor allem aber sich eines bestimmten Habitus befleißigen. Sicherlich sind die *ju* der Epoche auch Spezialisten für die zeremonielle Strukturierung des menschlichen Zusammenlebens. Gut zu dieser Lesart paßt auch die Tatsache, daß uns bis zur Zeit des Liu Shao aus den historiographischen Quellen nur sehr wenige Ritenspezialisten bekannt sind, welche explizit als Adepten von Ritentraditionen erwähnt werden und gleichzeitig im Staat ganz hohe Ämter innegehabt hätten. Erfolgreiche Konfuzianer hatten im allgemeinen eine Ausbildung in den *Liedern*, den *Urkunden* oder den *Annalen*. Auf «Riten» spezialisierte *ju* dienten anscheinend eher auf niederer Ebene.

Es wäre übertrieben, in dieser Phase von einem ausgeprägten «Konfuzianismus» sprechen zu wollen – unter dem Begriff *ju* verbergen sich zu viele unterschiedliche Schattierungen. Ebenso müßig ist es auch, darüber zu streiten, ob Wang Pi (226–249 n. Chr.) und Ho Yen (190–249 n. Chr.), die um die Mitte des 3. Jahrhunderts am Hofe der nordchinesischen Dynastie Wie wirkten, einem von drei Nachfolgestaaten der Han, als Konfuzianer zu bezeichnen sind. Die Kategorien sind zu dieser Zeit bedeutungslos. Wang Pi schrieb bis heute autoritative Kommentare zum *Buch der Wandlungen* und zum *Tao-te ching*, doch schätzte er Konfuzius einer wichtigen Quelle zufolge höher ein als Lao-tzu, der als Verfasser des *Tao-te ching gilt*. Auf Ho Yen geht ein heute maßgeblicher Kommentar zu den *Gesprächen des Konfuzius* zurück. Aufgrund ihres ganz und gar unkonfuzianischen Lebenswandels – Ho Yen ist als einer der ersten Drogenkonsumenten des chinesischen Altertums bekannt – hat die spätere Tradition diese Denker als Taoisten eingestuft, und die ältere Sinologie hat daraus gar den hohlen Begriff des «Neotaoismus» geschaffen. Passender für die Denkrichtung von Wang Pi und Ho Yen ist der chinesische Begriff der «Lehre vom Dunklen». Dieser verweist implizit auch darauf, daß sich schon bei dem konfuzianischen Denker Yang Hsiung mit seinem *Leitfaden vom Höchst Dunklen* taoistische Anklänge finden mögen.

Vom 1. Jahrhundert v. Chr. an ist es sicherlich richtig, unter einem *ju* in erster Linie einen Vertreter der gebildeten Elite zu verstehen, der im Normalfall, aber nicht zwingend, die Lehren des Konfuzius tradierte. Ab dem 3. oder 4. Jahrhundert aber ändert sich dies unter dem Einfluß der im Entstehen begriffenen neuen Religionen des Buddhismus und des Taoismus. Die frühesten Zeugnisse, die von buddhistischer Präsenz in China zeugen, datieren auf den Beginn des 1. nachchristlichen Jahrhunderts, und die ersten sino-buddhistischen Texte sind wohl im 2. Jahrhundert entstanden. Parallel zu dieser Entwicklung wurde in neu entstehenden taoistischen Gemeinden Lao-tzu vergöttlicht, so daß sich sein Bild von dem eines Philosophen, der von der gebildeten Elite studiert wurde, in das eines für große Bevölkerungsgruppen vorbildhaften Religionsstifters wandelte. Anscheinend hat es mehrere Jahrhunderte gedauert, bis die gebildete chinesische Elite begann, einen Unterschied zwischen beiden Religionen zu sehen, was vor allem damit zusammenhängt, daß viele frühe Übersetzungen buddhistischer Texte sich taoistischer Terminologie bedienten und damit im chinesischen Diskurs blieben. Chinesische Denker der Übergangsphase des 3. Jahrhunderts können dabei durchaus auf Lao-tzu und das *Tao-te ching* zurückgreifen, ohne von der taoistischen Religion in stärkerem Maße beeinflußt zu sein.

In der Auseinandersetzung mit diesen beiden neuen Bewegungen gewinnt der Begriff *ju* zur Bezeichnung einer Gegenströmung eine neue Qualität. Er dient jetzt tatsächlich zur Abgrenzung autochthon chinesischer Lehren, die in Konkurrenz zu Buddha und Lao-tzu auf den Gründerahn Konfuzius zurückgeführt werden, von den als heterodox begriffenen neuen Strömungen. Zum ersten Mal sichtbar wird dies in den auf das Ende des 2. Jahrhunderts datierten *Erörterungen des Meisters Mou zur Zerstreuung des Zweifels* (*Mou-tzu li-huo lun*), einer buddhistischen Streitschrift, welche den Buddhismus gegen konfuzianische Angriffe verteidigt. Diese Angriffe, von denen vor allem im buddhistischen Kanon aus den folgenden Jahrhunderten eine Vielzahl überliefert sind, setzen sich kaum mit metaphysischen oder transzendenten Aspekten der Religion auseinander, sondern richten sich vielmehr gegen deren weltliche Praxis. Der Hauptvorwurf, den Konfuzianer in den kommenden zwei Jahrtausenden gegen den Buddhismus immer wieder vorbringen sollten, findet sich bereits in diesem frühen Text. Hatte nicht schon Meng-tzu gesagt: «Drei Arten von Mangel an Kindesliebe gibt es. Der schlimmste davon aber ist, keine Nachkommen zu haben»? (MT 4A/26) Dahinter steht natürlich der Gedanke, daß ohne Nachkommen auch kein Dienst an den Ahnen möglich ist und die Eltern nach dem Tode eines kinderlosen Sohnes ohne Opfer dastehen würden. Die Lehre des Buddha, daß das Leben Leiden sei und deshalb nicht perpetuiert werden solle, die Aufforderung, Mönch zu werden und dem Leben zu entsagen, stand in diametralem Gegensatz zu dieser Auffassung. Sie führte zu Konflikten nicht nur in bezug auf die erste der Fünf Beziehungen des Meng-tzu, die Kindesliebe, sondern auch auf die nächsten beiden, nämlich die Beziehung des Untertanen zum Herrscher und der Frau zum Mann. Eine der am heftigsten diskutierten Fragen der Epoche war diejenige, ob sich ein Mönch vor dem weltlichen Herrscher zu verneigen habe. Daß der Zölibat des buddhistischen Klerus von konfuzianischer Seite als Widersinn empfunden wurde, versteht sich von selbst.

Am buddhistischen Ideal des Bodhisattva, des Erwählten, der die Möglichkeit ins Nirvana einzugehen gegen den beschwerlichen Weg eintauschte, durch Lehre und vorbildliches Leben anderen Menschen ebenfalls zum Heil zu verhelfen, kristallisieren sich die Einwände konfuzianischer Gelehrter besonders deutlich: Gautama, der historische Buddha, ein Königssohn, hatte bekanntlich seine Familie verlassen und die Nachfolge im Königreich verworfen, um durch seine Lehre allen Menschen der Welt und nicht nur einer begrenzten Anzahl zu helfen. Konfuzianer störte mehreres an diesem Verhalten: Einerseits bedeutete es natürlich einen extremen Verstoß gegen die Pflicht zur Kindesliebe, zum zweiten aber auch gegen die Pflicht, dem Staat zu geben, was des Staates ist. Vor allem aber war antibuddhistischen Konfuzianern nicht klarzumachen, wie jemand entfernte Personen genauso lieben konnte wie die naheliegenden, also die Verwandten, oder gar mehr als diese. Konfuzianische Menschenliebe ist immer abgestuft: Zuerst kommt die Familie, dann die Kleingruppe, schließlich der Staat. Liebe zu allen Menschen ist – außer beim Herrscher, der für das Funktionieren des Ganzen, in dem die einzelnen Kleingruppen ihren sicheren Platz haben, zu sorgen hat – zunächst nicht eingeplant.

Diese eigentlich unauflösbaren Widersprüche zwischen chinesischer Tradition und Buddhismus führten jedoch nicht dazu, daß der Buddhismus in China an Boden verlor. Im Gegenteil, ebenso wie die taoistischen Lehren breitete er sich in den folgenden Jahrhunderten auf chinesischem Boden so sehr aus, daß wir aus der Zeit zwischen dem 3. und dem 6. Jahrhundert verhältnismäßig wenig rein konfuzianische Texte haben. Zwar sind die Geschichtswerke über die meist nur kurzlebigen und in Nordchina zum Teil türkischstämmigen Dynastien dieser Zeit voll von Ritendiskussionen, die von Beamten über Belange des Staatskultes geführt wurden, doch kann dies nicht darüber hinwegtäuschen, daß Taoismus und Buddhismus blühten, von konfuzianischen Ideen jedoch kaum etwas zu hören ist. Bei vielen Literaten der Zeit gilt der Grundsatz, daß Buddhismus oder Taoismus für das Innere des Menschen zuständig seien, während der Weg des Konfuzius und des Herzogs von Chou die Ordnung der Außenwelt gestalte, also politischen und administrativen, aber auch innerfamiliären Zwecken dient. Die Dynastien sahen offensichtlich kein Problem darin, sich offiziell als taoistische oder buddhistische Theokratien zu deklarieren und gleichzeitig ein an die Praxis der Han angelehntes Staatszeremoniell weiterzuführen. Erst in dieser Zeit und erst unter dem massiven Einfluß des Buddhismus entwickelten sich in China Paradies- und Höllenvorstellungen, wenn es auch offensichtlich schon unter den Han ausgeprägte Ideen einer bürokratisch organisierten Unterwelt gab, in welche die Seele des Menschen nach ihrem Tode zog. Als konfuzianisch sind solche Unterweltsvorstellungen jedoch ebenfalls nicht zu bezeichnen – Konfuzius hatte die Beschäftigung mit dem Jenseits reserviert betrachtet, und auch bei seinen Nachfolgern wird sie nicht thematisiert.

Die wichtigsten Texte dieser Epoche stammen entweder von Denkern, die alchemistischen und damit in die taoistische Ecke gehörenden Praktiken zugeneigt waren, wie Ko Hung (283–343) mit seinem *Meister, der die Einfachkeit umarmt* (*Pao-p'u tzu*), buddhistischen Gelehrten wie Yen Chih-t'ui (531–590) mit seinen *Familienregeln des Herrn Yen* (*Yen-shih chia-hsün*) oder dem eklektischen anonymen Verfasser Meister Liu (5. oder 6. Jahrhundert). In all diesen Schriften sind traditionell chinesische – also hier als konfuzianisch zu bezeichnende – Elemente mit Ideen der beiden großen Religionen verquickt, ohne daß ein Konfuzianismus als solcher dabei eine gleichberechtigte Rolle als eigenständige Denkrichtung spielen würde. Häufig ist auch gar nicht von Konfuzianern oder Buddhisten die Rede. Vielmehr wird, wie zum Beispiel im *Essay über die Erklärung des Rechten Weges* (*Yü Tao lun*) des Sun Ch'o (300–380 n. Chr.), einfach vom Weg des Herzogs von Chou und des Konfuzius im Gegensatz zu demjenigen des Buddha gesprochen. Dabei kommt Sun Ch'o zu dem Schluß, der Herzog von Chou und Konfuzius seien eben mit dem Buddha gleichzusetzen und umgekehrt der Buddha mit dem Herzog von Chou und Konfuzius. Es handele sich nur um unterschiedliche Bezeichnungen für innere und äußere Aspekte der einen Lehre. Der Herzog von Chou und Konfuzius deckten den äußeren Bereich, den der Staatsführung und des gesellschaftlichen Lebens, ab, der Buddha aber den inneren der persönlichen Erleuchtung. Genauso aber gab es Traktate, in denen auf der Unvereinbarkeit der buddhistischen und der konfuzianischen oder taoistischen Lehren beharrt wurde.

5. Die geistige Atmosphäre unter den T'ang (618–907)

Auch unter den T'ang, deren Herrscher sich mit Ausnahme der buddhistischen Kaiserin Wu Tzu-t'ien (684–704) als Repräsentanten einer taoistischen Dynastie verstanden, kann nicht von einer konfuzianischen Dominanz die Rede sein. In dieser Epoche erlebten vielmehr sowohl Buddhismus als auch Taoismus eine Blüte. Bei Hofe scheint man doktrinäre Probleme ohnehin nicht so ernst genommen zu haben: Es ist überliefert, daß im Rahmen großer Hofbelustigungen, bei denen auch Narren und Schauspieltruppen auftraten, zuweilen Vertreter der drei großen Lehren Buddhismus, Taoismus und Konfuzianismus (hier einfach als *ju* bezeichnet) auftraten und ihre unterschiedlichen Positionen im Wettstreit vortrugen. Allerdings berichten die Reichsgeschichten der T'ang auch von mehreren Herrschern, beginnend gleich mit dem Gründer der Dynastie, die Streitgespräche zwischen gebildeten taoistischen und buddhistischen Mönchen und Vertretern des Konfuzianismus durchführen ließen. Aus Textfunden, die am Ende des 19. Jahrhunderts und zu Beginn des 20. Jahrhunderts in der Oase Tun-huang in der Wüste Gobi gemacht wurden, wissen wir sogar von volkstümlichen Schmähungen des Konfuzius: Eine lange Geschichte erzählt von Konfuzius' Begegnung und Unterredung mit dem Knaben Hsiang T'o und seiner hoffnungslosen geistigen Unterlegenheit diesem gegenüber. Letztlich bringt die Geschichte die Skepsis auf den Punkt, die dem Rationalismus und Ordnungsglauben des Konfuzius entgegengebracht wurde. In seiner Verzweiflung ermordet Konfuzius den Knaben am Ende. Der Erzählstoff muß übrigens lange vorher beliebt gewesen sein, denn schon auf Grabreliefs der Zeit der Han finden sich Darstellungen davon.

Zu Beginn der T'ang indes wurden aus pragmatischen Überlegungen heraus auch Anstrengungen unternommen, den kanonischen Schriften der konfuzianischen Schule wieder die Stellung einzuräumen, die sie unter den Han innegehabt hatten. Bereits unter dem zweiten T'ang-Herrscher wurde ein neuer Kanon erstellt. Unter der Leitung des K'ung Ying-ta (574–648), eines Nachfahren des Konfuzius in 35. Generation, der gleichzeitig «Herzog von Ch'ü-fu» war, wie der Heimatort des Konfuzius nun hieß, und anderer Gelehrter wurden maßgebliche Kommentare der Han ausgewählt und mit langen Subkommentaren versehen. Wie am Ende der Zeit der Han und übrigens noch einmal im 3. Jahrhundert n. Chr. wurden diese Versionen in Stein gemeißelt und die Stelen in der Hauptstadt aufgestellt.

Sie haben die Zeiten überdauert und sind heute im Steinwald von Hsi-an zu besichtigen. Im Gegensatz zu den Han, unter denen man grundsätzlich von fünf kanonischen Schriften (*wu ching*), den *Wandlungen*, den *Urkunden*, den *Liedern*, den *Riten* und den *Annalen*, beziehungsweise unter Hinzunahme der Musik von den «sechs Disziplinen» (*liu i*) sprach, war unter den T'ang von den «neun kanonischen Schriften» die Rede. Die heilige Zahl neun kam dadurch zustande, daß neben den *Wandlungen*, *Urkunden* und *Liedern* allen drei Ritentexten – *Buch der Zeremonien* (*I-li*), *Aufzeichnungen zu den Riten* (*Li-chi*) und *Riten der Chou* (*Chou-li*) – sowie den drei Kommentaren *Tso-chuan*, *Kung-yang* und *Ku-liang* jeweils zusammen mit dem Haupttext der *Annalen* kanonischer Status eingeräumt wurde. Der Zweck war wie zuvor, einen gemeinsamen Ausbildungsstandard für das Reich zu schaffen, wobei den besonders langen Texten *Tso-chuan* und *Li-chi* der wichtigste Rang zugedacht war. Zwar war es auch möglich, sich durch Kenntnis bestimmter taoistischer Schriften, wie zum Beispiel des *Tao-te ching* oder des *Chuang-tzu*, für ein Amt zu qualifizieren, doch wurde das Prüfungswesen unter den T'ang als Hort der konfuzianischen Orthodoxie begründet. Auch über die Stellung des Konfuzius und seine Verdienste für den chinesischen Staat begann eine neue Diskussion.

6. Der Kult des Konfuzius

Nach seinem Tode war das Andenken an Konfuzius zunächst vom engen Kreis seiner Familie und seiner Schüler bewahrt worden. Man habe, so heißt es bei Ssu-ma Ch'ien, neben dem Grab einen Ort errichtet, der den Namen «K'ung-Dorf» erhielt. Ein Haus, in dem die Schüler um den Meister getrauert hatten, sei in einen Gedächtnistempel umgewandelt worden. Hier seien auch seine Kleidung, seine Laute, sein Wagen und seine Schriften aufbewahrt worden. Die Gegend von Ch'i und Lu im heutigen Shan-tung, aus der Konfuzius stammte, war unter den Han der Quell, aus dem sich der Gelehrtennachwuchs des Reiches speiste, und mehrfach wird in den historischen Quellen fast ein wenig amüsiert berichtet, mit welchem Eifer man im Staate Lu die Lehren von Sitte und Riten bewahrt habe.

Die *Aufzeichnungen des Historiographen* enthalten eine vollständige Genealogie der Nachfahren des Konfuzius bis in die Zeit der Han hinein. Übrigens besteht auch für spätere Zeiten ein lückenloses Familienregister. Die *Gesammelten Schriften von Meistern aus der Familie K'ung* (*K'ung ts'ung tzu*), eine Sammlung, die in chronologischer Form angeordnete Anekdoten über Konfuzius, seine Schüler und Nachfahren enthält und mit dem Beginn des 2. nachchristlichen Jahrhunderts endet, legt ebenso wie die *Aufzeichnungen des Historiographen* nahe, daß die Familie K'ung, die ja von den Verboten des Ersten Herrschers der Ch'in direkt betroffen gewesen sein dürfte, mit Ch'en Sheng, dem ersten Rebellen gegen die Ch'in kollaborierte.

Liu Pang, dem Gründer der Han, der aus derselben Gegend kam wie die K'ung, stand Lu auch dann noch kritisch gegenüber, als sich schon das ganze Reich unterworfen hatte. Dort pflegte man nämlich – gemäß der konfuzianischen Tugend der Loyalität – Liu Pangs Gegenspieler Hsiang Yü, dem Lu unterstanden hatte, die Treue. Doch einige Jahre nach seinem Triumph besuchte Liu Pang im Jahr 195 v. Chr. auf einer Rundreise durch das Reich auch das Grab des Konfuzius und brachte dort ein Opfer dar. Dies war an sich nicht außergewöhnlich, gab es doch überall im Reich Kultstätten, an denen verstorbene Menschen als Gottheiten verehrt wurden. Bemerkenswert war allerdings, daß die regierende Dynastie sich eines lokalen Kultes annahm, was nur in seltenen Fällen vorkam. Die Geschichte soll offensichtlich die Ausnahmestellung des Gebietes von Lu herausstellen und die Bedeutung, welche seine Unterwerfung für die neuen Herrscher hatte.

Fast 200 Jahre später, zwischen den Jahren 8 v. Chr. und 1 n. Chr., entschloß sich die Dynastie Han, im Rahmen einer ganzen Serie von Belehnungsmaßnahmen auch einen direkten Nachfahren des Konfuzius zum Markgrafen zu machen. Die Familie K'ung stammte aus dem Staate Sung, und dieser Staat galt zu Zeiten der Dynastie Chou als Nachfolger der Dynastie Shang. Daher sollte nun ein Angehöriger dieser Familie das Erbe der Shang pflegen. Dem Konfuzius wurde posthum der Titel eines «Herzogs» verliehen. Allerdings waren damit offensichtlich keine staatlichen Opfer an Konfuzius verbunden. Diese wurden erst im Jahre 37 n. Chr. von Kuang-wu, dem Gründer der Späteren Han (25–220), aufgenommen, der einen weiteren Nachfahren des Meisters als Markgraf belehnte und ihm befahl, dem Weisen selbst zu opfern. Von drei kaiserlichen Besuchen des Konfuziustempels in Lu, in dem auch die 72 Schüler verehrt wurden, berichten die Quellen für die Zeit der Späteren Han. Der zweite Herrscher dieser Periode ordnete schließlich zu Beginn seiner Regierungszeit (57–75) an, in den Schulen der größeren Städte des Reiches Opfer an Konfuzius darzubringen, wobei das Ausmaß allerdings nicht klar ist.

In mehreren Texten ist bezeugt, daß in der Zeit zwischen den Han und den T'ang, Belehnungen an Nachfahren des Konfuzius offensichtlich zu einer Art Standard für Dynastiegründer wurden – auch wenn die Herrschergeschlechter Religionen wie dem Taoismus oder dem Buddhismus zugeneigt waren. In eine neue Phase trat der Konfuziuskult unter den T'ang selbst ein. Diese trugen den Nachnamen Li, den auch der taoistische Ahn Lao-tzu trug. Insofern verwundert nicht, daß der dritte Kaiser dieser Dynastie dem Lao-tzu einen posthumen Titel verlieh, der von Konfuzius niemals erreicht worden ist: Er ernannte ihn nachträglich zum Kaiser. Im Staatskult der T'ang wurde Lao-tzu dem Konfuzius also vorgezogen. Dennoch ließ schon direkt nach der Dynastiegründung im Jahre 619 der erste Herrscher der T'ang an der wichtigsten von mittlerweile mehreren Akademien in der Hauptstadt einen Tempel errichten, in dem der Herzog von Chou und Konfuzius gemeinschaftlich verehrt wurden. Mehrmals entbrannte unter dieser Dynastie Streit darüber, wem von den beiden Weisen des Altertums der Vorzug zu geben sei, und mehrmals wurde Konfuzius deshalb im Staatskult gewissermaßen degradiert.

Auf der anderen Seite aber erging schon unter T'ai-tsung (627–649) der Befehl, daß alle Provinz- und Distriktschulen Konfuziustempel zu errichten hätten. 647 entschloß sich dieser Herrscher zu einer weiteren Neuerung, indem er im Konfuziustempel auch 22 Gelehrte verehren ließ, die in der Zeit vom Tod des Meisters bis kurz nach dem Zusammenbruch der Dynastie Han gelebt hatten. Im Frühling und im Herbst sollten diesen 22 Personen Opfer dargebracht werden. Dabei ist allerdings nicht klar, ob dies über eine Verehrung der 72 Schüler hinaus geschah oder ob neben Konfuzius nur noch diese 22 Männer verehrt wurden. Letzteres hat einiges für sich, denn unter den 22 Namen finden sich auch solche von Schülern des Konfuzius.

Die Neuerung des T'ai-tsung hatte vor allem unter den folgenden Dynastien erhebliche Folgen: Seit dem 11. Jahrhundert nämlich konnten auch zeitgenössische Beamte posthum den Weg in den Konfuziustempel finden. So galt ab dieser Zeit als höchste Auszeichnung für einen jeden Gelehrten, sich so verdient gemacht zu haben, daß seine Familie letztlich seine Erhebung in den Rang eines der wenigen würdigen Nachfolger des Konfuzius erleben konnte. Im Idealfall sollte diese Auszeichnung bis ans Ende aller Zeiten währen. Jedoch fanden aufgrund sich wandelnder Bewertungskriterien mehrfach Umschichtungen statt, so daß am Ende des Kaiserreichs im Jahr 1911 nur noch Ahnentafeln von 13 der 22 Männer unter den Geehrten im Konfuziustempel hingen, wohingegen andere Männer neu Aufnahme gefunden hatten.

Im Jahr 719, zur Zeit des Kaisers Hsüan-tsung, entschloß man sich, für zehn weise Gefolgsmänner des Konfuzius Statuen aufzustellen, während Bildnisse von 22 Gelehrten und 70 Schülern des Konfuzius an die Wände des Konfuziustempels gemalt wurden. Unter den zehn Weisen, die in sitzender Haltung plastisch wiedergegeben wurden, waren Yen Hui, der Lieblingsschüler des Konfuzius, und Tseng-tzu, der darum herausgehoben ist, weil sein Name mit dem *Klassiker der Kindesliebe* (*Hsiao-ching*) in Verbindung steht. Dieser Sachverhalt belegt, daß die Kindesliebe nun eindeutig zur ersten Kardinaltugend des Konfuzianismus aufgestiegen war. Im Jahr 739 wurden schließlich den meisten der Schüler des Konfuzius posthum Adelstitel und dem Meister selbst der Rang eines Königs mit dem Titel «Der Verbreiter von Bildung» (*Wen-hsüan*) verliehen, wovon vermutlich entsprechende Abzeichen auf den Bildern und den Statuen zeugten.

Es ist hochgradig wahrscheinlich, daß bei all diesen Veränderungen die Verhältnisse in buddhistischen und taoistischen Tempeln Pate standen, wo die Verehrung von Statuen schon viel länger Tradition hatte. Statuen sollten im Konfuziustempel übrigens bis 1530 stehen bleiben, erst dann wurden sie von einfachen Ahnentafeln abgelöst. Obwohl mit den Maßnahmen des T'ai-tsung der Konfuzianismus den beiden großen Religionen angeglichen wurde, sollten sie nicht allein als ein einfacher religiöser Akt gesehen werden. Vielmehr stand die Verehrung für Konfuzius im Zusammenhang mit dem Ausbau des Prüfungssystems für die Beamtenhierarchie. Wie John Shryock bemerkt hat, wurde Konfuzius nun zum ersten Mal zu einer Art Gottheit der Staatsverwaltung, was natürlich etwas ganz anderes ist als der buddhistische Appell an das Erlösungsstreben jedes einzelnen Individuums.

Beinahe von selbst verstand sich, daß die lebenden Nachfahren des Konfuzius unter den T'ang mehrfach durch Aufwertung ihres Lehnstitels geehrt wurden. Übrigens räumt schon der zu Beginn des 1. vorchristlichen Jahrhunderts gestorbene Historiograph Ssu-ma Ch'ien dem Konfuzius in seinem Geschichtswerk einen Platz neben den Lehnsfürsten und nicht bei den gewöhnlichen Untertanen ein, obwohl er klar darauf verweist, daß Konfuzius nur ein einfacher Mann war. Es hat allen Anschein, als hätten manche Anhänger der konfuzianischen Tradition zur Zeit der Han in Konfuzius einen prädestinierten Herrscher (*su-wang*) gesehen, der eigentlich in den Wirren seiner Zeit die reale Macht im Staat hätte übernehmen müssen, daran aber von widrigen Umständen gehindert wurde. Stutzig macht allerdings, daß diese Meinung den Konfuzianern vor allem in der mit jenen konkurrierenden mohistischen Lehre in den Mund gelegt wird, während sie in den *Schulgesprächen des Konfuzius* vehement zurückgewiesen wird. Die Konfuzianer der Han sprechen verdächtig selten im Zusammenhang mit ihrem Meister von einem prädestinierten oder gar einem «ungekrönten König», wie *su-wang* in der westlichen Literatur gerne übersetzt wird. Vom *su-wang* ist in dieser frühen Zeit – geht es um Konfuzius – häufig die Rede, wenn daneben auch die *Frühlings- und Herbstannalen* erwähnt sind, über die schon Meng-tzu sagt, daß sie von den Angelegenheiten des Himmelssohnes handelten. Vielleicht ist ursprünglich gar nicht Konfuzius selbst als «ungekrönter König» gesehen worden, sondern vielmehr seine Rolle als Autor und Helfer für spätere, noch nicht eingesetzte Könige hervorgehoben worden, welche als noch «ungekrönte Könige» bezeichnet werden. Möglich ist auch, daß die Verbindung «su-wang» die *Annalen* selbst als ein Lehrbuch für die vollkommene Königsherrschaft bezeichnete. Unter den T'ang allerdings scheint der Titel «ungekrönter König» für Konfuzius eine feststehende Redewendung gewesen zu sein.

7. Vorboten einer geistigen Neuorientierung

Obwohl Konfuzius also unter den T'ang erheblich aufgewertet wurde, sollte nicht übersehen werden, daß der Konfuzianismus in keiner Weise als Religion mit Buddhismus oder Taoismus konkurrieren konnte und dies wohl auch nicht wollte. Im Gegensatz zu den beiden Religionen hatte er neben dem staatlichen Kultus keine eigene institutionelle Verankerung: Außer in den Schulen und Hochschulen sowie im Konfuziustempel von Ch'üfu, in denen sich Statuen und Bilder der wichtigen frühen Konfuzianer befanden, gab es offensichtlich keine eigenständige private konfuzianische Basis. Buddhismus und Taoismus hingegen zeichneten sich dadurch aus, daß sie ein weitverzweigtes Netz von Tempeln und Verehrungsstätten ausgebreitet hatten, in denen ein selbständiger Klerus nach Belieben agierte. Diese religiösen Stätten stellten häufig Gegenpole zu den Amtssitzen der Verwaltungsbeamten dar. Überdies bedeuteten sie aber eine beträchtliche ökonomische Macht für den buddhistischen Klerus, da große Landstriche in seinen Besitz übergegangen waren – zum Teil, weil reiche Familien ihre Ländereien nominell Tempeln überschrieben hatten, um der Pflicht, staatliche Abgaben zu zahlen, aus dem Weg zu gehen.

Der Literat Han Yü (767–824) war der Mann, der Kritik und

Ressentiments, die in der Beamtenschaft gegenüber den Buddhisten wuchsen, auf den Punkt brachte. Er gehört zu den Begründern der sogenannten «Altstilbewegung», die der Auffassung war, daß die buddhistisch beeinflußten Dynastien der Zeit nach den Han einen literarischen Stil hervorgebracht hätten, der über schönen Worten die Notwendigkeit Inhalte auszudrücken hatte in Vergessenheit geraten lassen. Han Yü und andere Verfechter dieser Ansicht meinten, man müsse zur klaren Sprache des Altertums zurückkehren, die noch von äußeren Einflüssen frei gewesen sei. Unter seinen zahlreichen Schriften ragt eine im Jahr 819 verfaßte Petition gegen die Verehrung des Buddhaknochens hervor, eine Schrift, die voll ist von beißendem Sarkasmus gegen den volkstümlichen Reliquienkult. Vor einigen Jahren ist übrigens im Famen-Kloster bei Xi'an ein Knochen gefunden worden, der derjenige sein soll, um den es in dieser Streitschrift ging.

Ein weiterer Essay des Han Yü, der zum Kanon der chinesischen Literatur gehört, trägt den Titel «Über den rechten Weg». Dieser Text verfolgt zum einen das Ziel, den Begriff des «rechten Weges», der ja auch ein zentraler Terminus des Taoismus ist, für die konfuzianische Lehre zu reklamieren. Zum anderen greift er auch die Buddhisten in aller Schärfe an. Während es im Altertum nur vier Stände gegeben habe – in der Reihenfolge ihrer Wertschätzung: Literatenbeamte, Bauern, Handwerker und Kaufleute –, gebe es nun deren sechs, wobei die zusätzlichen Stände buddhistische und taoistische Mönche seien. Über diese beklagte sich Han Yü bitter, weil sie vom arbeitenden Volk durchgefüttert werden müßten. «Konfuzianer» als solche werden von Han Yü gar nicht aufgeführt. Vielmehr werden diese von Beamten repräsentiert, die durch ihre an kanonischen Schriften geschulte Bildung in der Lage sind, das Volk anzuleiten. «Handeln», das sei das Schlagwort, das die eigene Lehre charakterisiere.

Am Ende seines Essays über den rechten Weg definiert Han Yü kraftvoll, was die Lehre der weisen Könige des Altertums – und damit wohl auch der Konfuzianismus – auszeichne: Umfassende Liebe, rechtes Handeln, auf sich selbst vertrauen, die Ausbildung in *Liedern*, *Urkunden*, *Wandlungen* und *Annalen*,

Riten und Musik, eine Gesellschaft mit vier Ständen anstelle von sechs, die Beziehungen zwischen Fürst und Untertan, Vater und Sohn, Lehrer und Schüler, Gast und Herr sowie Mann und Frau, das Wohnen in festen Häusern, Ernährung mit Getreide, Gemüse, aber eben auch mit Fisch und Fleisch (womit er sich vom Vegetariertum der Buddhisten absetzt). Diese Lehre sei einfach zu verstehen – im Gegensatz zu den komplizierten und abstrakten Spekulationen der Buddhisten – und einfach zu befolgen. Der einzelne werde dadurch glücklich, der Staat profitiere davon, weil jeder sich an den ihm angemessenen Platz begebe. Damit sei dem Allgemeinwohl gedient.

Im Jahr 845 führten die Angriffe des Han Yü zum Erfolg, denn der Hof erließ drakonische Gesetze gegen die buddhistischen Tempel: Statuen aus Gold und Bronze wurden eingeschmolzen, Ländereien von staatlicher Seite konfisziert. Jedoch bedeutete all dies nur eine kurze Unterbrechung innerhalb der langen Erfolgsgeschichte des Buddhismus in China. Schon bald erholten sich die Klöster wieder, um zu Beginn der Sung mächtiger denn je auftreten zu können.

Han Yü ist auch der erste Gelehrte, der den Meng-tzu zum Hauptgefolgsmann des Konfuzius ausrief und andere Kandidaten wie etwa Hsün-tzu oder Yang Hsiung zurückstufte. Der rechte Weg, den er zum Thema seines Essays gemacht hatte, nämlich sei von den mythischen Kaisern Yao, Shun und Yü an T'ang, den Gründer der Shang-Dynastie, weitergeleitet worden, und von diesem wiederum an die Könige Wen und Wu der Chou sowie an den Herzog von Chou. Von diesem sei er auf Konfuzius und schließlich Meng-tzu gekommen. Danach aber sei er nicht mehr überliefert worden.

Obwohl also Meng-tzu der letzte Weise des Altertums war, übte Han Yü an ihm auch Kritik, als er in seinem Essay über die Wesensart des Menschen die These aufstellte, daß es drei verschiedene Typen von Menschen gebe – die beiden nämlich, deren Wesensart von Geburt an gut *oder* schlecht sei, und eine mittlere Kategorie. Die beste Kategorie sei dadurch gekennzeichnet, daß die fünf Tugenden Menschlichkeit (*jen*), sittengemäßes Verhalten (*li*), Glaubwürdigkeit (*hsin*), Gerechtigkeit oder Rechtlichkeit (*i*) und Klugheit (*chih*) von einer – wohl der ersten – dieser Tugenden gelenkt sei. Die mittlere Wesensart, die natürlich diejenige der großen Mehrzahl der Menschen ist, zeichnet sich bei Han Yü dadurch aus, daß eine der Tugenden fast vollständig vorhanden ist, während die restlichen vier etwas unterentwickelt sind. Auf der untersten Stufe jedoch lehnt sich eine Tugend gegen die anderen auf.

Noch wichtiger ist jedoch vielleicht sein Verständnis von den menschlichen Gefühlen. Insgesamt sieben Gefühle (*ch'ing*) habe der Mensch (Freude, Zorn, Trauer, Furcht, Liebe, Haß und Begehren) – eine Aussage, mit der er auf frühe kanonische Texte zurückgreift. Die höchste Stufe des Umgangs mit den Gefühlen sei ihre ausgewogene Form: Werde ein Gefühl ausgelöst, dann äußere man es doch immer in Maßen. Die mittlere Kategorie bemühe sich, die Gefühle immer ausgeglichen zu halten, obwohl bei ihr einzelne Gefühle im Übermaß ausgeprägt seien, andere dagegen unterentwickelt. Die Menschen der unterste Stufe jedoch könnten ihre Gefühle nicht kontrollieren, sondern handelten im Affekt, sobald eines davon ausgelöst werde. Diese sicherlich schon viel ältere, aber nirgendwo so prägnant formulierte Lehre vom Maßhalten in den Gefühlen ist eine der Grundkonstituenten konfuzianischer Ausbildung. Sie ist die Basis für die Aufforderung zur ständigen Arbeit des Menschen an sich selbst.

III. Der Konfuzianismus des späten Kaiserreiches

1. Die konfuzianische Wende des 11. Jahrhunderts

Die T'ang versanken am Ende des 9. Jahrhunderts in einem Strudel von Kämpfen regionaler Militärmachthaber. Es dauerte annähernd sechzig Jahre, bis sich aus dem in Splitter zerfallenen T'ang-Reich wieder eine neue Ordnungsmacht herauskristallisierte – die Sung, die ihre Dynastie im Jahr 960 ausriefen. Auch die Kaiser der Sung zeigten nicht gleich Präferenzen für eine bestimmte Lehre. Der Buddhismus, vor allem die Variante des unter seinem japanischen Namen Zen besser bekannten Ch'an, florierte und fand auch bei Hofe Anhänger. Buddhistische Klöster entwickelten sich zu Ausbildungszentren, an denen, wie wir aus den Hinterlassenschaften aus Tun-huang wissen, die Schüler ihre erste Einweisung in konfuzianische Texte mit Hilfe von Schreibübungen erhielten, die sich an den *Gesprächen* ausrichteten. Sie dienten zudem vielfach als Gasthäuser und waren damit ein aus der hochmobilen chinesischen Literatengesellschaft nicht mehr wegzudenkendes Element. Fast alle Literaten der Sung waren in irgendeiner Form buddhistisch beeinflußt. Viele Gedichte der Zeit zeigen, daß buddhistische Religiosität fester Bestandteil ihrer Lebenswelt war. Gleichzeitig verstanden sich gleich zwei Kaiser dieser Dynastie als taoistische Weltenherrscher, und auch die taoistischen Kirchen florierten. Mitte des 12. Jahrhunderts klagt ein Literat, der, genau wie dreihundert Jahre vor ihm Han Yü, nach Südchina, in die Gegend des heutigen Kanton, verbannt worden war – damals eine Malariagegend ohne rechten Anschluß an die weiter nördlich liegenden Hauptzentren der chinesischen Zivilisation –, daß es in diesen Landen zwar wohl die Hauptwerke des Buddhismus und des Taoismus gebe, nicht aber eine einzige Kopie der konfuzianischen kanonischen Schriften. Bei den großen Zeremonien des menschlichen Lebens, Hochzeiten oder Begräbnissen, scheinen Mönche beider Religionen eine wichtigere Rolle gespielt zu haben als konfuzianische Ritenspezialisten. Auch wenn die Elitekultur manchmal etwas anderes vorspiegelt, kann das China der damaligen Zeit nicht als konfuzianisch bezeichnet werden.

Vor diesem Hintergrund zeichneten sich schon recht bald nach der Konsolidierung der Sung Tendenzen ab, die darauf abzielten, den Einfluß konfuzianischer Lehren wieder auszuweiten. Zunächst zeigte sich dies vor allem darin, daß sich immer mehr Literaten den Idealen der Altstilbewegung zuwandten, das heißt versuchten Essays zu schreiben, die an die Vorgaben des Han Yü anknüpften. Um die Mitte des 11. Jahrhunderts erreichten diese Bemühungen ihren ersten Höhepunkt. Literarische Bestrebungen gingen einher mit tiefgreifenden Reformen des Staatsapparates. Diese wurden zunächst mit Verweis auf das ideale System des Altertums gefordert. Immer wieder verwies man auf das von Meng-tzu erwähnte Brunnenfeldsystem, das auch unter den Sung dazu dienen könne, soziale Ungerechtigkeiten auszugleichen. Menschlichkeit und Rechtlichkeit galten als die beiden Tugenden, mit denen geherrscht werden müsse. Sich um das Volk kümmern, damit es sich nicht dem Buddhismus zuwende, war ein Schlagwort, mit dem diese Argumentation eingeführt wurde. Konfuzianische Rhetorik hatte also immer etwas Patriarchalisches an sich: Eigentlich diente sie einer Elite, welche den eigenen Einfluß auf das Volk schwinden sah.

Reformen wurden dann aber von dem namhaften Altstilanhänger Wang An-shih (1020–1086), der indes gleichzeitig unter starkem buddhistischen Einfluß stand, vor allem zu Lasten und gegen den erbitterten Widerstand einflußreicher Landbesitzer und Kaufmannsfamilien durchgeführt. Letztere konnten in den Jahren zwischen 1086 und 1093 zu einem kurzen Gegenschlag ausholen. Ihre Protagonisten waren der aus Ssu-ch'uan stammende Dichter Su Shih (Su Tung-p'o, 1036–1101), der Staatskanzler Ssu-ma Kuang (1019–1086) sowie die Brüder Ch'eng Hao (1032–1085) und Ch'eng I (1033–1107), die alle aus der Gegend um Lo-yang kamen.

Ssu-ma Kuang ist unter anderem durch ein Buch mit Regeln für die moralisch richtige Organisation eines Großfamilienhaushaltes hervorgetreten. Solche Handbücher sind ein besonderes Charakteristikum des Konfuzianismus der Epoche. Fast alle bekannten Konfuzianer hatten als Vorsteher oder prominente Mitglieder von teilweise über fünfhundert Personen umfassenden Clans das Problem, daß Zwistigkeiten vorgebeugt zu werden hatte und Grundlagen für einen Zusammenhalt der Familien erarbeitet werden mußten. Diesem Zweck dienten Familienregeln, aber auch sogenannte Wohltätigkeitsfelder, die zu dieser Zeit aufkamen. Letztere wurden von vermögenden Familienmitgliedern finanziert, um ärmeren Angehörigen eine Möglichkeit des Überlebens zu sichern. Im Kontext solcher Maßnahmen gewannen klassische konfuzianische Tugenden wie Menschlichkeit, Kindes- oder Bruderliebe und auch Gerechtigkeit einen neuen, praktischen Stellenwert. Die großen Familien, die als die Träger der konfuzianischen Kultur dieser Zeit zu identifizieren sind, zeichneten sich übrigens dadurch aus, daß sie untereinander zumindest im 11. Jahrhundert durch das ganze Reich umspannende Heiratsallianzen eng vernetzt waren.

2. Die neokonfuzianischen Meister

Obwohl Ssu-ma Kuang unter den eben genannten Männern der bedeutendste Staatsmann war und zudem eine Reihe wichtiger konfuzianischer Texte hinterließ, ist doch besonders die Rolle des Ch'eng I hervorzuheben, der zusammen mit seinem ein Jahr älteren, aber viel früher gestorbenen Bruder Ch'eng Hao in Nordchina eine größere Anhängerschar um sich versammelt hatte. Die beiden Ch'eng scheinen mit einem erstaunlichen Sendungsbewußtsein ausgestattet gewesen zu sein. In ihren Schriften finden sich mehrfach Bemerkungen, denen zufolge sie selbst die Auserwählten seien, die den rechten Weg wieder ins Reich zurücktragen würden, der nach dem Tod des Meng-tzu verlorengegangen sei. Allerdings traten die Ch'eng im Gegensatz zu ihrem Onkel Chang Tsai (1020–1077) zunächst nicht mit einem großen Œuvre hervor, wenn man davon absieht, daß

Ch'eng I einen Kommentar zum *Buch der Wandlungen* schrieb, der in den folgenden Jahrhunderten zum Standard für die Auslegung dieser kanonischen Schrift wurde. Auch als Beamte machten sich die Ch'eng keinen großen Namen. Ch'eng I erhielt zwar die Chance, ein Jahr lang bei Hofe zu wirken, doch eckte er mit seinem sperrigen Charakter so schnell an, daß er bald wieder auf seinen Landsitz zurückkehrte und sich seinen Studien, seiner über hundertköpfigen Familie und seinen Schülern widmete.

Chang Tsai hingegen verfaßte mit seinem *Cheng-meng*, zu übersetzen wohl mit «Richtigstellung der in Torheit Befangenen», eine Schrift, die vielleicht der erste Zeuge vom Heranbrechen eines neuen konfuzianischen Zeitalters war. Sie besteht aus nebeneinandergestellten Sätzen, die ursprünglich möglicherweise großenteils Erklärungen zu den kanonischen Schriften waren – dies legt die Tatsache nahe, daß sie alle in irgendeiner Form auf kanonische Sätze Bezug nehmen. Das Werk als solches will eine Erklärung für Zusammenhalt und Funktionieren der Welt sowie das Wirken des Menschen sein. Besonders großen Raum nimmt im *Cheng-meng* die Erörterung des Terminus «Odem» (*ch'i*) ein, der zwar bereits bei Meng-tzu an prominenter Stelle aufgetaucht war und später vor allem in taoistischen Werken verwendet wurde, der aber bei Chang Tsai zum ersten Mal gleich am Anfang eines konfuzianischen Werkes als Urstoff genannt ist, aus dem ein wenig vergleichbar dem âtman der vedischen Religion die dingliche Welt und ihre verschiedenen Ausformungen bestehen.

Wie in früheren chinesischen Schriften ist auch hier Welterklärung nicht Hauptziel – vielmehr geht es auch Chang Tsai in erster Linie um die Person des Edlen, der sich in der Welt zurechtfinden und sich in ihr mit den Tugenden der Menschlichkeit und der Weisheit bewegen soll. Sein zentrales Anliegen hat Chang Tsai am Anfang des siebzehnten und letzten Kapitels des *Cheng-meng* formuliert. Diesen Passus hatte er zur ständigen Ermahnung der Lernenden an die westliche Wand seiner Studienhalle geschrieben, woher sich für ihn auch der Name «Westinschrift» ableitet. Die Hauptbotschaft dieses kurzen Textes ist

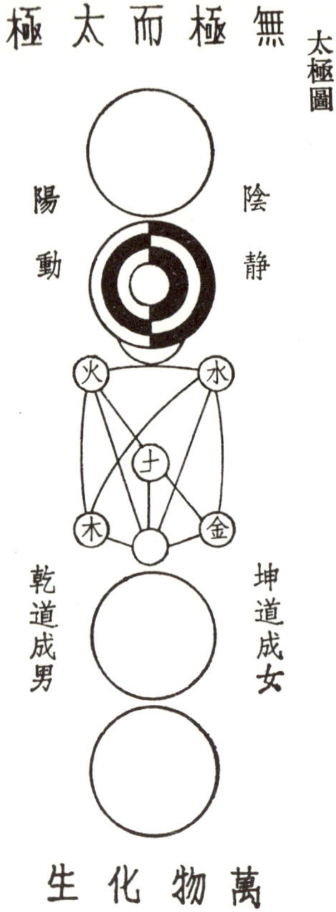

1 Diagramm des Chou Tun-i, das die Grundzusammenhänge der Welt darstellt.

ein Appell, die Tugend der Kindesliebe zu wahren, mäßig zu leben und Rücksicht aufeinander zu nehmen sowie schließlich, in Anlehnung an Paragraph 4.5 der *Gespräche des Konfuzius*, Reichtum und Adel genauso gelassen hinzunehmen wie Armut und Niedrigkeit. Explizite Gegner der Westinschrift wie des ganzen *Cheng-meng* sind die Lehren von Buddhisten und Taoisten. Dabei versucht Chang Tsai zu zeigen, daß seine Lehre vom unvergänglichen *ch'i* im Gegensatz zur buddhistischen Vorstellung von der vollständigen Auflösung im Nirvana stehe, denn der Stoff allen Lebens bleibe immer Materie, wenn er auch im ständigen Wandel von Werden und Vergehen immer neue Formen annehme. Letztlich jedoch ist diese Idee der buddhistischen Reinkarnationslehre viel näher verwandt, als Chang Tsai es hätte zugeben mögen.

Kritik an Buddhismus und Taoismus ist auch eines der wichtigsten Elemente der Lehren der Brüder Ch'eng. Daher ist es verwunderlich, daß neben Chang Tsai und den Ch'eng überdies die Denker Chou Tun-i (1017–1073) und Shao Yung (1011–1077) zu den fünf großen Meistern des sogenannten Neokonfuzianismus der Nördlichen Sung gehören, deren Werke deutliche Bezüge zum Taoismus aufweisen. Das Hauptwerk des Shao Yung, eine Schrift, die vor allem deshalb über Jahrhunderte geschätzt wurde, weil ihr Autor in ihr zum ersten Mal eine feste Chronologie für die Geschichte Chinas seit den mythischen Weisen des Altertums errechnet hatte, ist im taoistischen Kanon überliefert worden. Chou Tun-i, bei dem die Brüder Ch'eng gelernt haben sollen, der aber ansonsten unter den Nördlichen Sung noch gänzlich unbekannt war, gehört wegen eines Diagramms, das versucht, die Grundzusammenhänge der Welt darzustellen, zu den Gründervätern des Neokonfuzianismus (Abb. 1). Dieses Diagramm hat eindeutig sowohl buddhistische als auch taoistische Vorläufer. Zudem steht Chou Tun-i unbestrittenermaßen in taoistischer Überlieferungstradition. Sein Verdienst für den neu erwachenden Konfuzianismus der Sung besteht darin, das Diagramm umgedeutet und mit Erklärungen versehen zu haben, die in einen konfuzianischen Kontext passen. Es trägt die Überschrift «Kein Anfangspunkt und doch ein höchster Anfang» und schreitet dann fort zu den beiden Grundprinzipien Yin und Yang, die für Ruhe und Bewegung stehen. Unterhalb von Yin und Yang stehen in wechselseitiger Beziehung die Fünf Elemente, dann ein Kreis, der erläutert ist mit den Worten «Der Weg des Empfangenden erschafft die Frau, der Weg des Schöpferischen erschafft den Mann». Ein letzter Kreis schließlich steht für die «zehntausend Wesen, die im Wandel entstehen». Des Chou Tun-i Erläuterung beginnt mit dem Ausspruch: «Kein Anfangspunkt und doch ein höchster Anfang.» Sie fährt fort damit, daß sich der höchste Anfang rege und das Yang erschaffe. Wenn das Regen auf dem Höhepunkt angelangt sei, kehre Ruhe ein, die Ruhe erschaffe das Yin. Erreiche die Ruhe ihren Höhepunkt, dann bewege sich in ihr wieder Yang. Dieser Prozeß bringe Wasser, Feuer, Holz, Metall und Erde und die vier Jahreszeiten hervor. Dann entstünden das Männliche und das Weibliche und aus diesen die zehntausend Wesen. Weiter heißt es:

> Die zehntausend Wesen zeugen und zeugen, so daß Wandel ohne Grenzen ist. Nur der Mensch empfängt die Blüte davon und ist höchst geistig. Ist seine Form erst entstanden, dann entfaltet das Göttliche das Bewußtsein, die Fünf Wesensarten setzen einander durch Anregung in Bewegung, so daß sich gut und böse trennen und

> die zehntausend Angelegenheiten daraus hervorgehen. Der Weise aber legt sie fest durch seine Mittelposition, seine Korrektheit, durch Menschlichkeit und Rechtlichkeit. Er herrscht in Ruhe und stellt so den höchsten First des Menschen dar. Daher vereint der Weise mit Himmel und Erde seine Tugend, mit Sonne und Mond seine Klarheit, mit den Vier Jahreszeiten seine Handlungsabfolge, mit den Geistern und Dämonen Glück und Unheil. Der Edle, der sich danach richtet, wird Glück erfahren, der Geringe aber Unheil.

Der Text, der sich am Ende bekräftigend auf das *Buch der Wandlungen* beruft, ist hier deshalb in einiger Ausführlichkeit abgehandelt, weil er die wesentlichen Elemente konfuzianischer Weltsicht, die bereits im frühen Konfuzianismus genannt sind, in kondensierter und systematisierter Form nebeneinanderstellt: die Geburt der dinglichen Welt aus den Grundkräften Yin und Yang und den Fünf Elementen, den Dualismus von männlichem und weiblichem Wesen, das Entstehen der Dinge daraus, den Menschen als Krone der Schöpfung und den Weisen, der über Menschen und Dinge herrschen kann, weil seine Fähigkeit, in Einheit mit den Gesetzen von Himmel und Erde zu handeln, den Gipfelpunkt der menschlichen Leistung darstellt; schließlich den Edlen, der anstrebt, ein Weiser zu werden durch den richtigen Einsatz der Tugenden Menschlichkeit und Rechtlichkeit, also einer weichen und einer harten Eigenschaft.

3. Der Umbruch nach dem Verlust Nordchinas im 12. Jahrhundert

Ob Chou Tun-i, Shao Yung, Chang Tsai und selbst den Brüdern Ch'eng tatsächlich eine solch bedeutende Rolle im Geistesleben des 11. Jahrhunderts zukam, ist eine Frage, die trotz ansehnlicher Schülerkreise angesichts der zahlreichen anderen geistigen Strömungen der Zeit wahrscheinlich eher mit Nein beantwortet werden muß. Die Tatsache, daß sie heute als die Gründerväter der konfuzianischen Renaissance gelten, ist eher einem historischen Ereignis zuzuschreiben: Im Jahr 1127 brach die Dynastie vor dem Angriff der Dschurdschen, eines aus dem Norden kommenden, halbnomadischen Reitervolkes zusammen. Zahlreiche

Elitefamilien, darunter wohl auch zumindest Teile der Familie K'ung aus Ch'ü-fu, verließen Nordchina und folgten einem kleinen Teil des Kaiserhauses, dem es gelungen war sich zu retten, auf dem Weg über den Yang-tzu nach Süden. Die Sung, die nun Hang-chou zur Hauptstadt machten, verloren die Hälfte ihres Territoriums.

Dieses Ereignis bedeutete für das Selbstverständnis der chinesischen Literatenschicht einen schwer zu verkraftenden Schock. Traditionell verstand man sich ja bereits seit den Han als das Zentrum der Welt, um das herum sich Barbarenvölker scharten, die hin und wieder zur Audienz beim Himmelssohn geladen wurden, um von den Segnungen der Zivilisation zu profitieren, die auch Teilnehmer der chinesischen Ökumene werden konnten, sonst aber wieder in ihre Heimat zurückkehrten und das Zentrum aufgrund ihrer Inferiorität nicht weiter behelligen konnten. Wenn diese Regel nun einfach außer Kraft gesetzt worden war, dann mußte das heißen, daß die chinesische Zivilisation selbst an Schwindsucht litt, so daß sie keine Strahlkraft nach außen mehr entfalten konnte. Ch'en Liang (1143–1194) stellte gegen Ende des 12. Jahrhunderts gar die angesichts des nur wenige Jahrzehnte später anhebenden Mongolensturms prophetische These auf, der Boden Nordchinas, die Wiege der chinesischen Zivilisation, sei, wie die Geschichte lehre, mit dem kräftigsten «ch'i» der bekannten Welt ausgestattet, so daß derjenige, der über dieses Land herrsche, bald auch den Rest Chinas einnehmen würde, wenn man in Südchina nicht schnell etwas unternehme.

Bei der Suche nach den Schuldigen für die eigene Schwäche wurde eine kleine Gruppe von Literaten bald fündig: Der Buddhismus, der übrigens bei den Feinden im Norden hoch im Kurs stand, habe China in den letzten Jahrhunderten durchsetzt und aufgeweicht, und besonders der Reformer Wang An-shih habe diese Tendenzen noch verschärft. Es lag nahe, als Alternative zu Wang, dessen Reformen bis zum Ende der Nördlichen Sung Bestand gehabt hatten, dessen Feinde heranzuziehen, deren Namen zu Beginn des 12. Jahrhunderts wegen ihres Widerstandes auf eine Proskriptionsliste gesetzt worden waren. Alle von den Proskriptionen betroffenen Personen waren zusammen mit ihren Anhängern vom Dienst in der staatlichen Administration ausgeschlossen worden. Neben Ssu-ma Kuang, dem Führer der Opposition, fand sich auf der Liste auch der Name des Ch'eng I. Dieser war erst im Jahr 1107, 20 Jahre vor dem Fall der Hauptstadt, gestorben und damit vielleicht derjenige der Feinde des Wang An-shih und seiner Nachfolger, der noch am besten im Gedächtnis war.

Bedauerlicherweise hatte Ch'eng I neben seinem Kommentar zum *Buch der Wandlungen* kein umfangreiches Schrifttum hinterlassen. Deshalb begannen nun Yang Shih (1053–1135), ein aus Fu-chien stammender Schüler des Ch'eng I, sowie Hu An-kuo (1078–1138), ein ursprünglich aus derselben Region kommender Literat, der aus seiner zweiten Heimat im heutigen Hu-pei vor den Dschurdschen nach Hu-nan geflohen war, sich auf andere Weise auf die Suche nach dem Erbe des Ch'eng I und auch seines Bruders Ch'eng Hao zu machen. Sie wandten sich an überlebende Schüler und baten um Aufzeichnungen, welche diese im Unterricht gemacht hatten. Dieses Verfahren war nicht neu: Ch'an-buddhistische Mönche hatten es aufgebracht. Die sogenannten «Schüleraufzeichnungen» (*yü-lu*), die zu einem hervorstechenden Merkmal des Neokonfuzianismus wurden und in deren Form uns die meisten wichtigen Gedanken konfuzianischer Denker des zweiten Jahrtausends überliefert wurden, sind also eigentlich ein buddhistisches Genre.

Hu An-kuo fand zudem ein Anfangsstück eines Kommentares des Ch'eng I zu den *Frühlings- und Herbstannalen* und begann in den folgenden Jahren in, wie er sagte, dessen Geiste einen eigenen vollständigen Kommentar zu diesem Werk zu verfassen. Darin hält er folgenden zentralen Punkt fest: Konfuzius habe in den *Frühlings- und Herbstannalen* sein Herz ausgeschüttet und die Aussagen seines Herzens mit diesem Text an die Nachwelt weitergeben wollen. Leider jedoch sei diese Herzensüberlieferung schon nach Meng-tzu abgerissen, und trotz des Auftretens von Lichtgestalten wie Tung Chung-shu und Han Yü hätten erst die Brüder Ch'eng wirklich daran anknüpfen können. Nach chinesischer Vorstellung ist das Herz weniger der Sitz der Gefühle als vielmehr derjenige des Verstandes. Hu An-kuo wollte also nicht so sehr darauf verweisen, daß Konfuzius in den *Frühlings- und Herbstannalen* seinen Kummer eingeschrieben habe, sondern vielmehr darauf, daß sich darin ein von ihm erkanntes ideales System der Weltordnung finde, das es wiederzuentdecken gelte. Gleichzeitig aber ist das «Herz» auch ein für die buddhistische Lehre zentraler Begriff, und vor allem die Aussage von der «Überlieferung des Herzens» geht eindeutig auf ch'an-buddhistische Vorbilder zurück, wenn dort auch etwas anderes gemeint war als bei Hu. In seinem Kommentar versuchte Hu An-kuo nachzuweisen, wie stark Konfuzius schon auf die Gefahr eingegangen war, welche ausländische Völker für China darstellten, und wie diese durch Selbstzucht des Herrschers und seiner Untertanen überwunden werden könnte.

Zwei Dinge sind hervorzuheben: Erstens zog durch den Zusammenbruch der Nördlichen Sung auch das Zentrum konfuzianischen Denkens in zuvor periphere Gebiete um (Fu-chien und teilweise auch Hu-nan). Besonders der Einfluß von Fu-chien ist zu beachten, da diese Provinz gleichzeitig ein starkes buddhistisches Zentrum war und daneben eine ganze Reihe von heute dem Volksglauben zugeordneten Strömungen beherbergte, die nicht leicht zu kategorisieren sind. Zweitens begann eine Phase umfassender Auseinandersetzungen mit dem Buddhismus, in deren Verlauf der Konfuzianismus eine Reihe von buddhistischen Begriffen aufsaugte, dann aber mit neuem Gehalt füllte. Das ging vor allem deshalb so gut, weil die chinesische Rezeption von vornherein mit autochthonen Begriffen gearbeitet hatte, die dem Buddhismus von selbst ein recht unindisches Aussehen verliehen hatten.

Politisch hatte die von Hu An-kuo begonnene Bewegung zunächst nur wenig Erfolg. Der Sung-Hof beschloß bald, daß es besser sei, sich mit den Dschurdschen zu arrangieren als in dauerhafter Konfrontation zu verharren. Da der Annalenkommentar des Hu An-kuo aber eine unversöhnliche Haltung forderte, blieb auch seinem Verfasser und dessen Familie nur der Weg in die Opposition. Deren Potential wuchs jedoch rasch, u. a. aufgrund sozialer Probleme, die zum einen ihre Ursache in der militärischen Niederlage der Sung hatten, zum anderen aber auch von demographischen Veränderungen herrührten. Insbesondere gelang es nicht mehr, einen großen Teil der Absolventen staatlicher Prüfungen in die Bürokratie zu integrieren. Die Folge war, daß in ein immer größer werdendes Heer von Männern aller Altersstufen Bildung investiert wurde, ohne daß sich diese Investition in traditioneller Weise amortisierte. Bis zum Ende des Kaiserreiches im Jahre 1911 sollte dieser Trend anhalten, so daß am Ende nur noch ein verschwindend geringer Anteil von Prüfungskandidaten vom Staat übernommen wurde. Zwar schufen sich die Erfolglosen neue Einnahmequellen als Autoren von Grabinschriften oder anderen Schriftzeugnissen wie zum Beispiel Vorworten der Werke von Freunden oder Bekannten. Dadurch wurde das Entstehen einer neuen Art von Literaten ermöglicht, die Bildung nicht mehr als Qualifikation für ein bestimmtes Ziel, die Beamtenkarriere, erwarben, sondern statt dessen in ihr einen Selbstzweck sahen. Diese Entwicklung begünstigte wahrscheinlich auch der Blockdruck, der gegen Ende der T'ang-Zeit erfunden worden war und sich ab dem 11. Jahrhundert rasch durchsetzte und in dessen Folge eine florierende Verlagsindustrie nach neuen Absatzprodukten suchte. Doch nahm die Zahl der Frustrierten diesen Entwicklungen zum Trotz deutlich zu.

4. Die Synthese im Denken des Chu Hsi

Während Konfuzianismus früher eher die Lehre eines kleinen Kreises etablierter Beamter gewesen war, drang er durch die geschilderte Entwicklung in immer breiter werdende Schichten ein. Dafür mußte jedoch ein neuer Sinn in den kanonischen Schriften gefunden werden. Der Mann, der unter diesen Bedingungen zum Kristallisationspunkt einer neuen Bewegung werden sollte, die sich selbst als «Lehre vom Rechten Wege» bezeichnete, war Chu Hsi (1130–1200), der zunächst bei Verwandten des Hu An-kuo in Fu-chien aufwuchs. In Chu Hsis Lehren findet sich eine Reihe von Elementen, die er mit der Familie des Hu An-kuo gemein hatte, die ihm aber im nachhinein allein zugeschrieben wurden. Darunter findet sich die Idee von der korrekten Linie der Überlieferung des Rechten Weges (*tao-t'ung*) seit den Weisen des Altertums über Konfuzius, Meng-tzu bis hin zu den Brüdern Ch'eng sowie die Rede von den fünf Meistern der Nördlichen Sung, nämlich Chou Tun-i, Chang Tsai, Shao Yung und den beiden Ch'eng. Wie die Hu polemisiert auch Chu Hsi gegen den Buddhismus, wobei er allerdings noch weiter geht als diese: Er beschuldigt auch fast alle Konfuzianer seiner Zeit, einschließlich der Hu selbst, buddhistisch beeinflußt zu sein. Auf der anderen Seite zeigen sich diese Einflüsse auch bei ihm selbst, unter anderem in seinem Beharren darauf, daß die menschlichen Begierden für den, der seine Persönlichkeit kultivieren möchte, ein zu bekämpfendes Hindernis darstellen.

Chu Hsi vollendete zwar wichtige Anliegen des Hu An-kuo – zum Beispiel den Druck der Schüleraufzeichnungen der Sprüche der Brüder Ch'eng –, doch sagte er sich auch recht bald von ihm und seinen Söhnen los. Hauptstreitpunkt war die Frage, wie der einzelne bei der Kultivierung der eigenen Persönlichkeit, dem zentralen Lehrgegenstand, vorzugehen habe. Während die Hu meinten, diese Kultivierung habe durch Lernen an den Dingen, vor allem aber durch das Einüben von Menschlichkeit im Umgang mit anderen Menschen zu geschehen, sagte Chu Hsi, vor dem Studium der Außenwelt solle Meditation stehen, eine weithin verbreitete Praxis, die sicherlich im Zusammenhang mit dem starken Einfluß von Buddhismus und auch Taoismus stand. Was Konfuzius mit Menschlichkeit überhaupt gemeint hatte, war ein Thema, an dem sich erbitterte Diskussionen entzündeten. Die Extreme gingen so weit, daß manche sagten, Menschlichkeit sei nur ein medizinischer Terminus: so werde Taubheit in den Gliedern ja als «unmenschlich» (*pu jen*) bezeichnet. Chu Hsi dagegen betonte, daß sich Menschlichkeit positiv durch das Vorhandensein konfuzianischer Tugenden auszeichne. Vor allem sei das Wort «Menschlichkeit» mit dem Wort «zeugen» (*sheng*) gleichzusetzen, das im Chinesischen auch «Leben» heißt. Diese These ist sicherlich ebenfalls als Reaktion auf den Buddhismus zu sehen, welcher der Ansicht ist, daß «Leben» grundsätzlich Leiden ist, weshalb das «Zeugen» zu unterlassen ist, denn es bedeutet ja letztlich nur weiteres Hervorbringen von Leid. Die konfuzianische Antwort auf diese Meinung war: Menschlichkeit müsse walten, um Zeugen und Hervorbringen von Dingen, die nötig sind für das Leben des Menschen, in dieser Welt zu ermöglichen.

Die Auseinandersetzung über die Meditation entzündete sich an unterschiedlichen Interpretationen des Eingangspassus aus dem Kapitel «Maß und Mitte» (*Chung-yung*) der *Aufzeichnungen zu den Riten* (*Li-chi*):

> Das, was vom Himmel verliehen ist, heißt Wesensart, und eine Übereinstimmung mit der Wesensart heißt rechter Weg. Diesen rechten Weg zu pflegen heißt Unterweisung. Der rechte Weg darf nicht einen einzigen Augenblick verlassen werden – könnte er verlassen werden, dann wäre er nicht der rechte Weg. Daher achtet der Edle auf das, was er noch nicht sehen kann, und ist bereits furchtsam, bevor er etwas gehört hat. Nichts ist sichtbarer als das Verborgene, und nichts deutlicher als das Geheime. Darum achtet der Edle auf sich, auch wenn er allein ist. Der Zustand, da Freude, Zorn, Trauer und Glück sich noch nicht entfaltet haben, heißt Mitte. Haben sie sich aber entfaltet und kommen in der Mitte überein, dann heißt dies Harmonie. Die Mitte ist die große Wurzel von allem unter dem Himmel, und die Harmonie ist der beste Weg unter dem Himmel.

Für Hu An-kuo und seine Anhänger war der Zustand, da die Gefühle noch nicht entfaltet sind, nur eine abstrakt mögliche Position. Chu Hsi jedoch sah hier die Grundlage für seine Ansicht, daß Meditation und die Konzentration auf den ursprünglichen Zustand der Mitte die Voraussetzung für jede erfolgreiche Selbstkultivierung sei. Vielleicht ist diese Haltung ein Grund für den großen Erfolg, den er als Lehrer hatte: Im Gegensatz zu den Gelehrten aus Hu-nan akzeptierte er weithin verbreitete religiöse Praktiken und verleibte sie seinem eigenen Verständnis von konfuzianischer Lehre ein. Binnen zweier Jahrzehnte gelang es Chu Hsi, der nur zeitweise im Staatsdienst arbeitete, zur bedeutendsten Privatlehrergestalt außerhalb religiöser Gemeinden – und wahrscheinlich in Reaktion auf diese – des Reiches zu werden. Neben der Meditation legte er seinen Schülern das Lernen der Dinge dieser Welt nahe. Dabei richtete sich sein Ausbildungsziel direkt gegen dasjenige, was das staatliche Erziehungswesen propagierte, in dessen Zentrum die alle drei Jahre stattfindenden Palastprüfungen standen. Er predigte, daß Lernen einen Zweck in sich selbst habe, wenn es der positiven Ausgestaltung menschlichen Zusammenlebens diene, nicht aber, wenn es allein auf Gegenstände gerichtet sei, die nach dem Bestehen von Beamtenprüfungen und der Übernahme in den Staatsdienst wieder getrost vergessen werden könnten. Wie schon die Brüder Ch'eng polemisierte er damit gegen eine Überbetonung literarischer Fertigkeiten, die keinen praktischen Nutzen hätten. Diese Angriffe machten ihn natürlich attraktiv für alle die Erfolglosen, die von den etablierten Pfaden enttäuscht waren.

Grundlage für Chu Hsis Aufforderung zum Lernen war neben der allgemein konfuzianischen Betonung dieses Themas, die ja schon im ersten Kapitel der *Gespräche des Konfuzius* und des Hsün-tzu ihren Ausdruck fand, ein weiteres Kapitel aus den *Aufzeichnungen über die Riten*, nämlich das «Große Lernen» (*Ta-hsüeh*), das mit den folgenden Worten beginnt:

> Der Weg zu großem Lernen liegt darin, klare Tugend klarzustellen, dem Volke nahezustehen (oder aber: es zu erneuern) und erst beim Höchsten Guten stehenzubleiben. Erst wenn man im Wissen [beim Höchsten Guten] stehenbleibt, kann man sich festlegen ... Im Altertum ordneten diejenigen, die klare Tugend im Reiche klarstellen wollten, zuerst ihren eigenen Staat, und diejenigen, die ihren Staat ordnen wollten, die regelten zuerst ihre Familien. Die ihre Familien regeln wollten, die pflegten zuerst ihre Person, und diejenigen, die ihre Person pflegen wollten, die stellten zuerst ihr Herz richtig. Wer sein Herz richtig stellen wollte, der machte zuerst sein Sinnen aufrichtig, und wer sein Sinnen aufrichtig machen wollte, der vervollkommnete zunächst sein Wissen. Die Vervollkommnung des Wissens aber liegt in der vollständigen Untersuchung der Dinge (*ko-wu*).

Obwohl sich dieser Text zur Zeit seiner Abfassung, vielleicht im 3. vorchristlichen Jahrhundert, sicherlich an Herrschergestalten gerichtet hatte, war hier doch für die Anhänger des Chu Hsi ein direkter Zusammenhang zwischen der Notwendigkeit zu lernen und der Ordnung im Staatswesen hergestellt. Der moralische Gestus des Lehrers legte nahe: Wenn nur möglichst viele Menschen im Reiche meinen Zielen folgen, an den Dingen lernen und ihre eigene Persönlichkeit vervollkommnen, dann wird auch China allmählich wieder erstarken können.

Zur besseren Verbreitung seiner Lehren schrieb Chu Hsi seinen Schülern als Gegenentwurf zur verschulten Ausbildung, die für die Palastprüfungen zu absolvieren war, einen kleinen Grundkanon vor, in dem die entscheidenden Punkte im Kern alle enthalten waren. Neben die beiden Kapitel «Maß und Mitte» und «Großes Lernen» aus dem *Buch der Riten* traten die *Gespräche des Konfuzius* sowie der *Meng-tzu*-Text: letzterer weil erstens eines von dessen Generalthemen die Auseinandersetzung mit dem Wesen des Menschen ist und zweitens vermutlich die These des Meng-tzu vom Weisen, der in jedem einzelnen Menschen steckt, hohe Attraktivität für Menschen barg, die bei offiziellen Prüfungen nicht hatten bestehen können, denen nun aber durch die Aufforderung des Chu Hsi zur Selbstkultivierung ein neuer Sinn geboten wurde. Diese sogenannten *Vier Bücher* (*ssu-shu*) sollten bis ins 20. Jahrhundert als Grundausbildung eines jeden Schülers Bestand haben.

5. Der Terminus «li»

Ein weiterer, philologisch allerdings überaus schwieriger Ursprungspassus, auf den sich Chu Hsi für sein Programm bezog, steht in einem der kanonischen Begleittexte zum *Buch der Wandlungen*, der «Besprechung der Hexagramme» (*Shuo-kua*):

> Im Altertum schufen die Weisen die Wandlungen so: Sie schufen das Schafgarbenorakel, indem sie in geheimnisvoller Weise dem göttlich Klaren halfen ... Sie ergründeten die Ordnung und durchdachten das Wesen, um zur Bestimmung zu gelangen.

Was hier in Anlehnung an die Übersetzung Wilhelms mit «Ordnung» übersetzt wurde, ist der chinesische Terminus *li*, der ebenso wie derjenige des «Wesens» (oder auch der «Natur»; *hsing*) zu einem der Zentralbegriffe des Denkens von Chu Hsi wurde.

Wie die Brüder Ch'eng so hat auch Chu Hsi kein eigenständiges Werk hinterlassen, in dem er seine Lehre niedergelegt hätte. Statt dessen liegen von ihm einerseits zahllose Briefe, Grabinschriften oder Gedenktexte vor und andererseits 130 Kapitel von Schüleraufzeichnungen zu seinen Lehrthemen, vor allem aber über seine Erklärungen zu den kanonischen Schriften, aus denen wir die Inhalte seines Denkens erschließen können. Zudem stellte er mehrere Anthologien zusammen, von denen die wichtigste die mit Lü Tsu-ch'ien (1137–1181) gemeinschaftlich ausgewählten *Aufzeichnungen über naheliegende Dinge* (*Chinssu lu*) sind, eine Art Florilegium der besten Aussprüche von Chou Tun-i, Chang Tsai und den Brüdern Ch'eng. In dieser Auswahl zeugen diese Sprüche von den eigenen Gedanken des Chu Hsi.

Die Schüleraufzeichnungen beginnen mit einigen Kapiteln über die Begriffe *li* und *ch'i*. Wie für Chang Tsai ist auch für Chu Hsi *ch'i* der Grundstoff alles Formhaften – oder in Anlehnung an die Terminologie der Großen Abhandlung, eines weiteren kanonischen Kommentars zum *Buch der Wandlungen*, dessen, «was unterhalb der Form ist». Gleichzeitig ist die Qualität des *ch'i*, mit dem Menschen ausgestattet sind, auch für hohe beziehungsweise niedrige geistige Kapazitäten verantwortlich. *Li* hingegen ist ein wesentlich schwieriger zu verstehendes Konzept. Richard Wilhelm hat bei der Übersetzung des obigen Passus das Wort *li* mit Bedacht mit «die Ordnung der Außenwelt» wiedergegeben. Damit hat er der Versuchung widerstanden, einer anderen europäischen Tradition zu folgen. Diese hat für *li* das Wort «Prinzip» eingesetzt und gemeint, die konfuzianische Tradition kenne ein «summum principium» – eine Deutung, die gut in den Kontext der jesuitischen Bestrebungen paßt, den Konfuzianismus als dem Christentum artverwandte Lehre hinzustellen. A.C. Graham hat vehement für diese Übersetzung plädiert, und ein Großteil der Sinologen ist ihm gefolgt. Dabei ergibt die Übersetzung «Prinzip» nur an einigen wenigen Stellen guten Sinn. Wenn Ch'eng I zum Beispiel davon spricht, daß «jedes Ding ein *li* habe, das winzig klein und unergründbar sei, und man es sich nur «vorzustellen habe», dann erscheint die Wiedergabe mit «Prinzip» vielleicht gerechtfertigt. Ebenso finden sich bei Chu Hsi Aussprüche dazu, daß die Grundausbildung des Menschen in moralischen Tugenden, im Dienst an den Älteren bestehe, während die Erziehung für die fortgeschrittenen Schüler darauf ausgerichtet sei, die Gründe (*li*) dafür, daß dies so sein muß, zu verstehen. *Li* ist dabei einerseits wohl der Grund, andererseits aber auch die Ordnung der Welt, aufgrund derer bestimmte Verhaltensweisen als objektiv richtig anzusehen seien.

Doch wenn Chu Hsi sagt, *li* und *ch'i* seien nur dadurch unterschieden, daß Dinge zwar physisch anwesend sein müßten, damit man ihre *ch'i*-Form sehe, während man sich ihre *li*-Form nur vorstellen könne, dann erscheint es sinnvoller, von «Vorstellungen» – fast im Sinne der platonischen Ideen – zu sprechen als von Prinzipien. So meint Chu, daß es das «Haus» oder die «Pflanze» in *li*-Form gebe, aber natürlich mit jeweils konkreten Ausprägungen: das heißt im ersten Fall einer unterschiedlichen Raumgestaltung und im zweiten Fall der Zuordnung zu einer bestimmten Baumart (z. B. Pfirsich oder Pflaume). Nach seiner Ansicht können wir uns ein Haus oder einen Baum vorstellen, ohne diese Dinge selbst konkret vor Augen zu haben, weil wir eine Vorstellung davon haben, was und wozu es ist. Ähnlich sei es mit dem Begriff «Mensch», der als *li*-Form nicht die vielen verschiedenen Menschen meine, sondern das Konzept eines Menschen, das jedem intuitiv klar ist. Auch verdorrte und vertrocknete Dinge hätten Chu Hsi zufolge *li*, was selbstverständlich nicht heißt, daß ihnen ein Prinzip innewohne, sondern daß auch sie ihren Platz und ihre Daseinsberechtigung in der großen Ordnung haben, welche die Welt zwischen Himmel und Erde darstellt. Dasselbe gilt für jeden einzelnen Mensch, der ebenfalls sein eigenständiges *li* habe – eben seinen ganz persönlichen, individuellen Platz in der Weltordnung.

Wenn Chu Hsi sagt, daß der Verstand (das Herz; *hsin*) die zehntausend *li* schauen könne, dann ist auch nicht von «Prinzipien» die Rede, sondern von den vorstellbaren Dingen und Angelegenheiten selbst. Wieder anders zu verstehen sind wohl Aussagen zu Beginn der Schüleraufzeichnungen, in denen Chu Hsi auf Fragen antwortet, ob es denn vor Himmel und Erde – also vor der heute existierenden Welt – schon *li* gegeben habe. Ja, sagt er, bevor es Himmel und Erde gab, war letztlich nur *li* da. Weil es dieses *li* gab, deshalb gab es auch «Himmel und Erde». Hätte es dieses *li* nicht gegeben, dann hätte es auch nicht Himmel und Erde gegeben, keine Menschen und auch keine Dinge. Man könne aber auch nicht sagen, daß *li* vor *ch'i* dagewesen sei, denn *li* könne niemals ohne *ch'i* sein. *Li* sei eben das, was oberhalb der Form (*hsing erh shang*), *ch'i* jedoch das, was unterhalb der Form sei (*hsing erh hsia*). Man könne also nicht von vorher oder nachher reden.

An dieser Stelle spricht Chu Hsi bei *li* von einer Wirklichkeit, die nicht an konkrete Dinge gebunden ist, sondern in der Vorstellung existiert, während die formhaften realen Dinge von dieser idealen Ordnung abweichen. «Oberhalb der Form» ist der Begriff aus dem *I-ching*, der im modernen Chinesischen für das griechische Wort «Metaphysik» steht. Die Tatsache, daß in der Natur die Regungen von Yin und Yang und der Fünf Elemente ihre rechte Abfolge nicht verlieren, wird ebenfalls *li* zugeschrieben, also der vorgegebenen festen Ordnung, die in der Welt wirkt. Kritisieren die Brüder Ch'eng, Hu An-kuo und Chu Hsi einmütig die Buddhisten dafür, daß diese *li* als ein Hindernis bei der Erkenntnis ansehen, dann greifen sie damit die buddhistische Kritik der Wirklichkeit auf, wie sie von den Dingen der Außenwelt vorgestellt wird. Wie das oben schon erwähnte «Herz» so ist auch *li* ein zentraler Terminus buddhistischen Denkens schon seit spätestens dem 7. Jahrhundert gewesen.

Als wesentliche Aussage des Chu Hsi gilt, daß Wesen oder Natur (*hsing*) eben dasselbe seien wie *li*, ein Diktum, das vermutlich im Kontext der oben zitierten praxisorientierten Auslegung des *Buches von Maß und Mitte* zu verstehen ist: Meditation als Konzentration auf das Wesen (*hsing*) bringt einen der Erkenntnis der Außenwelt ebenso nahe wie das Studium äußerer Dinge (*li*). Chu Hsi weist die Vorstellung zurück, man könne «Menschlichkeit» einfach als «Liebe» verstehen. «Liebe» sei eben nur eine Ausprägung, die aktive, entfaltete Form der «Menschlichkeit», die im Wesen eines jeden Menschen als Kardinaltugend schlechthin angelegt sei. Das «Prinzip» Mensch sei also dadurch ausgezeichnet, daß es bestimmte gute Eigenschaften habe, die sich dann in der Welt des Formhaften, des Physischen manifestieren könnten. Das «Wesen» des Menschen ist als ideal aufzufassen – und darum heißt es *li*. Eine Hinwendung zu diesen idealen Voraussetzungen, die im Zustand der noch nicht entfalteten Gefühle zu erkennen sind, bringt den Menschen in die Nähe der in sich richtigen Weltordnung und macht ihn letztlich zum Weisen.

An diesem Ausspruch schieden sich die Geister. Die schärfste Kritik an den Thesen des Chu Hsi kam von seinem Zeitgenossen Lu Hsiang-shan oder auch Lu Chiu-yüan (1139–1193), der widersprach: Das Herz, also der denkende Verstand, sei in Übereinstimmung mit *li*, der ursprünglich geordneten Außenwelt, und nicht das menschliche Wesen selbst. Gleichzeitig polemisierte Lu Hsiang-shan gegen die seiner Meinung nach auch bei Chu Hsi noch zu umständliche Ausbildung: Ratio und Intuition ermöglichten seiner Ansicht nach die Erkenntnis der Außenwelt, und auch ohne allzu langes Studium könne der Mensch in der Welt aktiv werden.

Das Problem, das mit der Übersetzung des Begriffes *li* verbunden ist, muß hier deshalb mit einiger Länge dargestellt werden, weil sich nur so zeigt, daß noch viel Arbeit zu leisten ist, bevor wir wirklich verstehen, worauf sich viele der Grundaussagen des wichtigsten konfuzianischen Denkers des 2. Jahrtausends wirklich beziehen. Würden wir *li* einfach, wie dies in der sinologischen Literatur oft geschieht, mit dem Wort «Prinzip» wiedergeben, dann blieben uns entscheidende Inhalte jedenfalls verborgen. Ein wichtiger Verdienst des Chu Hsi muß indes darin gesehen, daß er in der Lage war, aus den in seiner Zeit bekannten buddhistischen Lehren Begriffe zu ziehen, die er in ein eigenes gedankliches Gebäude integrieren und mit einzelnen Grundgedanken der alten konfuzianischen Schriften verknüpfen konnte.

6. Die Entstehung einer konfuzianischen Orthodoxie

Trotz großer Erfolge hat auch Chu Hsi den endgültigen Durchbruch seiner Lehren nicht erlebt. Nachdem er sich Zeit seines Lebens hauptsächlich auf lokaler Ebene betätigt hatte – mit dem Bau von Getreidespeichern zur Versorgung notleidender Bevölkerung oder mit der Errichtung oder Wiederbelebung privat geführter Akademien, beides in der Folgezeit wichtige Aufgaben für sich als Konfuzianer fühlende Beamte –, gelang es ihm gegen Ende seines Lebens, auch Einfluß auf die Hauptstadtpolitik zu nehmen. Seine Gruppe unterlag zwar im Kampf gegen einen von ihm als Tollkühnheit empfundenen Feldzug gegen die Dschurdschen, worauf seine Anhänger auf eine Proskriptionsliste gesetzt und damit von staatlichen Ämtern ausgeschlossen wurden. Diese Niederlage sollte jedoch gleichzeitig den Keim des endgültigen Triumphes für die neokonfuzianischen Lehren in sich tragen. Denn nachdem der Feldherr tatsächlich geschlagen heimkehren mußte, begann man sich auf seinen Gegenspieler zu besinnen.

Schon zu Beginn scheinen sich die Herrscher der Sung gerne als Schutzherren der Konfuzianer gesehen zu haben, bot ihnen dies doch eine gute Gelegenheit, sich von den Feinden im Norden abzusetzen. Wie gering umgekehrt das Ansehen der Konfuzianer bei diesen war, zeigt sich beispielsweise daran, daß der direkte Nachfahre des Konfuzius in 45. Generation zu Beginn des 11. Jahrhunderts bei einer Gesandtschaftsreise zu den damaligen nördlichen Nachbarn der Sung, den Khitan, die anscheinend bereits halb sinisiert waren und eine eigene Dynastie mit Namen Liao gegründet hatten, von einer Schauspieltruppe unterhalten wurde, die ein Spottstück über seinen großen Vorfahren aufführte. Und kurz nach seinem Herrschaftsantritt belehnte der erste Kaiser der Südlichen Sung im Jahre 1132 den Nachfahren des Konfuzius in 49. Generation mit dem Titel eines Herzogs, obwohl Ch'ü-fu, der Heimatort des Meisters, nicht mehr seinem Gebiet unterstand. Die Dschurdschen kümmerten sich offensichtlich nicht um die Familie K'ung. Im Jahr 1140 hielt derselbe Kaiser der Sung ein großes Opfer zu Ehren des Konfuzius ab.

Doch auf der anderen Seite hielten sich die Herrscher damit zurück, die Anhänger der Lehre vom Rechten Wege zu sehr zu unterstützen, denn diese eckten, wie uns mehrere Quellen der Zeit sagen, wegen ihres absonderlichen Betragens, ihres moralischen Habitus und sogar ihrer eigentümlichen Kleidung vielfach bei den Zeitgenossen an. Erst als die politische Lage zu Beginn des 13. Jahrhunderts umschlug, wurde Chu Hsi rehabilitiert. Schon im Jahr 1212 wurden seine beiden Kommentare zu den *Gesprächen des Konfuzius* und zum *Meng-tzu* als Ausbildungsstandard, der bei den Palastprüfungen abgefragt wurde, eingesetzt. Nach diesem Zeitpunkt begann eine Art kultureller Wettlauf zwischen den Sung und den im Norden langsam an Macht gewinnenden Mongolen. Als diese 1227 das benachbarte Reich der Tanguten zerschlugen, wurden die Vier Bücher in der Auslegung des Chu Hsi amtliches Ausbildungsmaterial. Sechs Jahre später gründeten die Mongolen in Peking einen neuen Konfuziustempel, nachdem sie die dort herrschenden Dschurdschen vertrieben hatten. 1237 richteten sie auf dem von ihnen kontrollierten Gebiet in Nordchina Staatsprüfungen nach chinesischem Vorbild ein. 1241 proklamierte der Kaiser der Sung die Lehren vom Rechten Wege zur Staatsorthodoxie und erhielt deshalb nach dem zentralen Begriff der Lehren des Chu Hsi posthum den Namen «*Li*-Ahn». Chou Tun-i, Chang Tsai, die beiden Ch'eng sowie Chu Hsi wurden zu denjenigen Persönlichkeiten hinzugefügt, die bei den Opfern in der Kaiserlichen Hochschule im Gefolge des Konfuzius verehrt wurden. Wang An-shih hingegen entfernte man aus dieser Reihe. Im Jahre 1267 erfolgte eine vollkommene Neuordnung der aus diesem Anlaß zu verehrenden Persönlichkeiten. Kurze Zeit nach ihrem Sieg über die Sung (1276) richteten die Mongolen bei der Abfassung von deren Dynastiegeschichte extra eine Kategorie für Biographien der Anhänger der Lehre vom Rechten Wege ein, die den übrigen Konfuzianern vorangestellt wurde, und im Jahr 1314 belehnte der mongolische Kaiser den Nachfahren des Konfuzius in 54. Generation als Herzog. Zudem konnte die Familie K'ung in den 30er Jahren des 14. Jahrhunderts die verfallenen Tempel des Konfuzius in Ch'ü-fu wieder herrichten. Übrigens wurde der Ursprungstempel noch mehrmals um- oder neugebaut. Die Zerstörungen des 20. Jahrhunderts sind also nicht ganz so exzeptionell wie manchmal angenommen.

Der Konfuzianismus der letzten Jahrzehnte der Sung nahm in vielerlei Hinsicht religiöse Züge an. Vielerorts wurden als würdig erachtete Personen, und allen voran Überlieferer der rechten Lehre, in Schreinen verehrt. Offensichtlich stand buddhistische Verehrungspraxis bei diesen neuen Kulten Pate. Vielfach wurden auch schon im 12. Jahrhundert buddhistische Tempel oder taoistische Schreine für Kulturheroen des chinesischen Altertums oder aber für Würdige der Gegenwart umgewidmet. Die Lehre vom Rechten Wege hatte sich ganz offensichtlich buddhistischer Begriffe bedient, und die Art, wie sie sich als Gruppe geformt hatte, glich stark dem Vorgehen einer der vielen Sekten der damaligen Zeit.

Auf der anderen Seite wandte sich eine starke Strömung unter den Gelehrten gegen die Verehrung von Statuen, wie sie zum Beispiel im Konfuziustempel praktiziert wurde. Schon in den *Aufzeichnungen zu den Riten* habe doch der Edle geschrieben, daß der Zweck von Opfern nicht sei, Bitten vorzubringen und so einen naiven Zusammenhang zwischen Opferpraxis und dem eigenen Leben anzunehmen. Zwar gab es durchaus widersprechende Passus in den Ritenwerken, doch wurde auf diese nicht so häufig verwiesen, ein Hinweis darauf, daß die volkstümliche Religiosität, die sich bei Opfern in buddhistischen oder taoistischen Tempeln äußerte, vielen Literaten ein Dorn im Auge war. Ein gewisses Unbehagen gegenüber der Umwandlung des Konfuzianismus in eine dritte große Religion ist hier nicht zu verkennen.

In der Gesellschaft begannen sich immer stärker Merkmale eines gelebten Konfuzianismus zu zeigen, wie er uns aus früheren Zeiten nur wenig bekannt ist. Dies wird besonders deutlich in der Endphase der Dynastie Sung, als einige Beamte ihre Loyalität durch Selbstmord zu bekunden suchten und damit eine konfuzianische Kardinaltugend – die Treue zum Herrscher bis in den Tod – höher hoben als je zuvor. Dasselbe Phänomen zeigt sich übrigens auch am Ende der beiden folgenden Dynastien der Yüan und der Ming.

Die Mongolen selbst waren großenteils keine Konfuzianer. Mitte des 13. Jahrhunderts hingen sie vielmehr dem lamaistischen Buddhismus tibetischer Art an, ließen aber auf religiösem Gebiet weitgehende Freiheiten zu. Das konfuzianische Erziehungssystem Chu Hsischer Prägung scheinen sie eher aus pragmatischen Gründen übernommen zu haben, weil es einen in geeigneter Form kontrollierbaren Zugang chinesischer Untertanen in die Bürokratie ermöglichte. Der Kult im Konfuziustempel wurde mit mehr Pomp zelebriert als je zuvor, doch diente dies wohl eher der Selbstdarstellung der Dynastie als der Verehrung des Konfuzius.

7. Die Rationalisierung des Konfuzianismus unter den Ming (1368–1644)

Als die Ming die Mongolen 1368 vertrieben, übernahmen sie das weitgehend auf den Lehren des Chu Hsi basierende Ausbildungssystem. Bei den Staatsprüfungen orientierte man sich an unter den Sung entstandenen Auslegungen zu den kanonischen Schriften sowie an den *Vier Büchern*. Damit gerann, was einst aus dem Geist der Opposition entstanden war, zu einem staatlichen System, das im Laufe der Jahrhunderte immer weniger Flexibilität erlaubte. Das Prüfungswesen war gefürchtet, Alternativen waren rar, obwohl die seit den Südlichen Sung begonnene Tendenz, Akademien für den Privatunterricht von Schülergruppen zu eröffnen, weiter anhielt. Für den Unterricht der kleinen Kinder setzte man nun Materialien ein, welche die Grundgedanken der *Vier Bücher* und des Neokonfuzianismus kondensierten. Bestes Beispiel ist der Dreizeichenklassiker (*San-tzu ching*), der schon auf die ausgehende Zeit der Sung zurückgehen soll und Vorbild für eine Reihe von weiteren Werken wurde, in denen erzieherische Inhalte in einprägsamen, nur drei Schriftzeichen langen Sätzen nebeneinandergestellt wurden. Dreizeichenklassiker verschiedenster Art gibt es übrigens bis heute. Etwas ältere Vorbilder hatten vergleichbare Werke mit dem Titel «Tausendzeichentext» (*Ch'ien-tzu wen*), die zum Beispiel für einprägsame Kurzfassungen der chinesischen Geschichte dienten.

Ein antibuddhistischer Zug blieb den orthodoxen Konfuzianern der Zeit erhalten. Er ist auch in wichtigen Romanen der Zeit spürbar. Jedoch machten sich auch gegenläufige Bewegungen bemerkbar. Wang Yang-ming (Shou-jen 1472–1529), der wichtigste einer ganzen Anzahl von herausragenden konfuzianischen Denkern der Ming, knüpfte eher an Lu Hsiang-shan an als an Chu Hsi. Sein Denken, das in Anlehnung an Meng-tzu vom angeborenen «guten Wissen» des Herzens ausging und dessen zentraler Satz die Identität von Wissen und Handeln behauptete und damit nicht nur an Aussagen des Lu Hsiang-shan sondern auch des Hu An-kuo anschloß, hat zudem eine Nähe zu buddhistischen Ideen. Die intellektuellen Streitigkeiten der Zeit berühren indes das Thema «Konfuzianismus» allgemein nur am Rande.

Der erste Kaiser der Ming war ursprünglich buddhistischer Mönch gewesen, hatte jedoch keine Probleme damit, dem Konfuzius nach seinem Herrschaftsantritt Opfer darzubringen, ihn gleichsam als Gottheit anzusehen, und gleichzeitig dem ganzen Pantheon anderer deifizierter Persönlichkeiten, die während der letzten Jahrhunderte neben Konfuzius und gleichberechtigt mit ihm in den Staatskult aufgenommen worden waren, die Titel zu nehmen. Interessanterweise verlor im Jahr 1530 auch Konfuzius seinen posthumen Königstitel. Der taoistisch beeinflußte Kaiser Chia-ching (1522–1567) hatte sich überzeugen lassen, daß Konfuzius Zeit seines Lebens gegen die unrechtmäßige Führung des Titels eines «Königs» durch Fürsten der Lehnstaaten seiner Zeit protestiert hatte und er selbst also auch nicht diesen Titel tragen sollte, der ihm unter den T'ang, wahrscheinlich im Zusammenhang mit dem Mythos vom ungekrönten König, verliehen worden war. Gegen diese Idee hatten sich bereits mehrere am Denken der Ch'eng und des Chu Hsi geschulte Konfuzianer der Sung ausgesprochen. Zudem wurden – ebenfalls wie schon unter den Sung mehrfach angeregt worden war – die Statuen im

Konfuziustempel an der Hochschule zerstört und durch einfache Ahnentafeln ersetzt, da es unter den konfuzianischen Gelehrten schon lange Widerstand gegen die als Aberglauben und Ablenkung vom eigentlichen Gegenstand der Verehrung angegriffenen Statuen gegeben hatte. Es ist, wie schon John Shryock in seinem Buch zum Staatskult des Konfuzius anmerkt, fast ein Treppenwitz, daß die Jesuiten, die nur wenige Jahrzehnte nach diesen gravierenden Änderungen nach China kamen, dem Konfuzianismus eine besondere Stellung einräumten und damit ein ganzes Zeitalter rationalistischer abendländischer Denker beeinflußten, eben weil sie sahen, daß Konfuzius zumindest im offiziellen Staatskult nicht in Form einer Statue angebetet wurde wie Buddha oder Lao-tzu, sondern nur durch eine schwarze Ahnentafel repräsentiert war.

8. Volkstümliche Tendenzen

Unter den privatisierenden, also nicht an die Prüfungsorthodoxie gebundenen Gelehrten der Zeit entstand indes eine Bewegung, welche die Auffassung vertrat, daß die großen drei Religionen Buddhismus, Taoismus und Konfuzianismus zwar unterschiedliche Wege verträten, im Kern jedoch identische Ziele verfolgten. Vielleicht passen zu dieser Auffassung auch die ab der Mitte des 15., verstärkt aber ab dem 16. Jahrhundert auftauchenden Geschichten mit dem Titel «Bilder zu den Spuren des Weisen» (*Sheng-chi t'u*), in denen das Leben des Weisen Konfuzius in Episoden bildlich dargestellt wird. Diese Bildergeschichten, die ursprünglich nur etwas über dreißig mit einem kurzen Text kommentierte Illustrationen umfaßten, nahmen innerhalb von 150 Jahren an Umfang deutlich zu. Im Jahre 1592 wurde am Heimatort des Konfuzius eine solche Geschichte – insgesamt 112 Bilder lang – in Stein geschnitten und anschließend in Form von Steinabreibungen gedruckt.

Wie viele begriffliche Elemente und wie die Gestaltung des Tempelkultes für Konfuzius ging auch diese Neuerung anscheinend zumindest zum Teil auf buddhistische Vorbilder zurück. So gab es vergleichbare Geschichten, in denen die Vita des

Buddha dem einfachen Volk in illustrierter Form dargeboten wurde, schon deutlich früher. Die Existenz dieser Sammlungen zeigt an, daß die Verehrung des Konfuzius, die lange Zeit Privileg einer dünnen Literatenschicht gewesen zu sein scheint, nun auch in unteren Schichten der Bevölkerung ankommen konnte, auch wenn der Hauptzweck der *Bilder zu den Spuren des Weisen* im Schulunterricht zu sehen ist. Dort nämlich dienten die an den Wänden aufgehängten Bilder der anschaulichen Unterweisung angehender Literaten.

Die Inhalte der *Bilder zu den Spuren des Weisen* sind unterschiedlichen Ursprungs. Manche kommentierende Texte stammen aus den *Gesprächen des Konfuzius*, andere finden sich in den *Familiengesprächen* und im *K'ung-ts'ung tzu*, wieder andere aber in apokryphen Sammlungen. Wo bestimmte alte Anekdoten zum Bild eines Heiligen nicht recht passen wollen, da zensieren die Bildergeschichten auch, indem sie den kanonischen Wortlaut abändern oder bestimmte Sätze kürzen. Eine Begegnung des Konfuzius mit einem Irren aus dem Südstaat Ch'u, der ihm in den *Gesprächen* unangenehme Wahrheiten auf den Kopf zusagt, ist zwar zum Beispiel in die Bildergeschichten aufgenommen, doch bleibt hier Konfuzius immer der überlegene Meister. Auch despektierliche Äußerungen über einzelne Schüler, von denen die *Gespräche* einige enthalten, finden sich in den Bildergeschichten nicht mehr. Vielmehr sind die Schüler, die ja alle im Staatskult als Würdige verehrt wurden, nun Lichtgestalten wie der Meister selbst – dies allerdings ebenfalls gestützt auf Aussagen aus den heterogenen *Gesprächen*:

> Tugendhaften Wandel besaßen Yen Yüan, Min Tzu-ch'ien, Jan Poniu und Chung-kung; in der Rede begabt waren Tsai Wo und Tzukung; auf die Regierung verstanden sich Jan Yu und Tzu-lu; auf Bildung und Gelehrsamkeit kam es Tzu-yu und Tzu-hsia an. (LY 11.3)

Mit der ersten Konfuziusbiographie des Ssu-ma Ch'ien, die ja einen frustrierten Mann dargestellt hatte, der auf seinem Lebensweg weitgehend gescheitert war, hat all dies nicht mehr viel zu tun. Während die ganz frühen Sammlungen offensichtlich einen rationalen Konfuzius zeigten, schmücken zahlreiche über-

2 *Ein Einhorn bringt im Maul eine Botschaft aus Jade. Holzschnitt aus dem Werk* Sheng-chi-t'u (Bilder zu den Spuren des Weisen), *um 1440.*

natürliche Elemente die etwas späteren Bildergeschichten des 16. Jahrhunderts. So überbringt dort zum Beispiel schon vor der Geburt des Meisters ein Einhorn in seinem Maul eine Botschaft, die auf Jade geschrieben ist und in der es heißt, daß Konfuzius dereinst ungekrönter König werde (Abb. 2). Dies ist ein deutliches Anzeichen dafür, daß die staatlichen Maßnahmen, die dem Konfuzius seinen posthumen Königstitel ja streitig gemacht hatten, konterkariert werden sollten, eine Tatsache, die ihre Ursache möglicherweise im volkstümlichen Konfuzianismus der Zeit hat. Auf dem nächsten Bild der Sammlung tanzen zwei Drachen, die vielleicht für die Urkräfte Yin und Yang stehen, sowie die Gebieter der Fünf Planeten, welche die Fünf Elemente repräsentieren, um das Haus des neugeborenen Konfuzius. Ganz am Ende seines Lebens nimmt Konfuzius kniend einen roten Regenbogen entgegen, der sich in seinen Händen in eine gelbe Jade mit Schriftzeichen verwandelt (Abb. 3).

Unter den Ming fand nicht nur in der Bevölkerung Chinas eine regelrechte konfuzianische Durchdringung statt. Aufgrund der verbesserten Kommunikationsmöglichkeiten sickerten konfuzianische Ideen ab dieser Zeit auch verstärkt in die Nachbarländer – Korea, Japan und auch Vietnam – ein. Das Denken des Wang Yang-ming beispielsweise wurde in Japan vielleicht stärker rezipiert als in China selbst. Ähnliches ist bei wichtigen Literaten Koreas zu finden, die auf Hu An-kuo zurückgehende Einflüsse verarbeiten. Gleichzeitig aber begann sich in China selbst auch ein gewisser konfuzianischer Fundamentalismus breit zu machen, wie ihn frühere Zeiten ebenfalls kaum gekannt hatten. Loyalitätsbekundungen, die im Selbstmord enden konnten, hatten in großer Zahl zum ersten Mal beim Untergang der Sung stattgefunden. Ab der Zeit der Ming aber forderte die Gesellschaft neben dieser Betonung der ersten der Fünf Beziehungen des Meng-tzu – derjenigen, die zwischen Fürst und Untertan zu herrschen hatte – auch für die zwei nächstwichtigen Beziehungen, nämlich diejenigen zwischen Kind und Eltern sowie Frau und Mann, strengere Einhaltung der Normen als je zuvor. Ein Mangel an kindlicher Zuneigung zu den Eltern ist in China immer ein Grund gewesen, unliebsame Konkurrenten oder Gegner

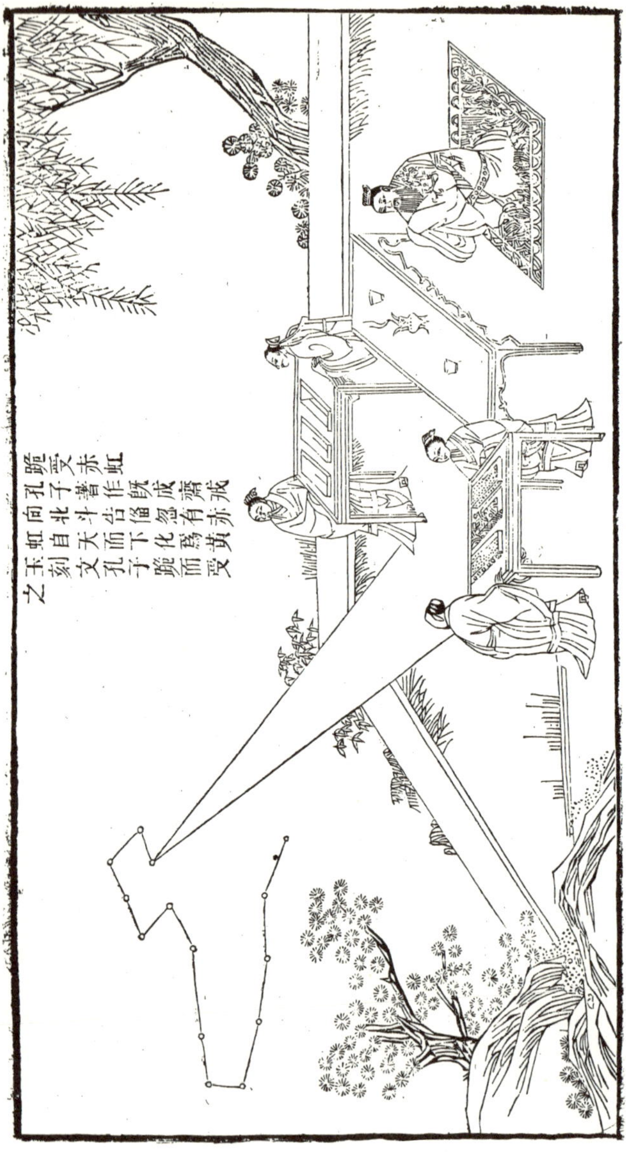

3 *Konfuzius nimmt kniend den roten Regenbogen entgegen. Holzschnitt aus dem Werk* Sheng-chi-t'u (Bilder zu den Spuren des Weisen)*, um 1440.*

zu desavouieren. Dabei ist dies eigentlich keine Eigentümlichkeit des Konfuzianismus. Ehrfurcht gegenüber den Eltern ist für alle vormodernen Gesellschaften eine Kardinaltugend. Ab dem 15. oder 16. Jahrhundert indes nehmen die Beispiele, die den Kindern in China schon in den ersten Jahren auf der Schule als Vorbilder vorgestellt wurden, zum Teil groteske Züge an. In einer Vorbildgeschichte zum Beispiel wirft sich ein 70jähriger Sohn in viel zu kurze Kleidung und gibt sich Kinderspielen hin, um seine Eltern ihr eigenes Alter vergessen zu machen – eingedenk des Ausspruches LY 4.21, daß das Kind das Alter der Eltern nie vergessen dürfe, einerseits um sich daran zu erfreuen, daß sie es erreicht haben, und andererseits, um zu erschrecken, weil ihr Tod nicht mehr weit sein kann.

Zur Kindesliebe gehörte auch die peinlich genaue Einhaltung der dreijährigen Trauerfrist, während derer es dem die Familienlinie fortsetzenden ältesten Sohn verboten war, ein Amt auszuüben. Nicht immer war diese Regel früher konsequent eingehalten worden. In der späteren Kaiserzeit, allerdings schon deutlich vor den Ming, jedoch wurde sie verpflichtend: Der Sohn hatte nach dem Tod eines Elternteils seine Karriere zu unterbrechen.

Witwentreue ist ein weiteres altkonfuzianisches Thema, das unter den Ming neue Aktualität gewann und sogar offensichtlich plötzlich in übersteigerter Form geschätzt wurde. Schon aus der Zeit des 1. vorchristlichen Jahrhunderts stammt mit den *Biographien von vorbildlichen Frauen* (*Lieh-nü chuan*) ein Werk, das Mädchen zum Studium der Tugendhaftigkeit vorgelesen oder aber zur eigenen Lektüre gereicht werden konnte. Daß sich einige der Geschichten aus diesem Text großer Beliebtheit erfreuten, wissen wir daher, daß sie teilweise sogar mit Nennung der Namen der Protagonistinnen auf Grabreliefs der Zeit dargestellt sind. Die Sammlung hat ihren Stellenwert in der Frauenerziehung über die Jahrhunderte wahren können. Dennoch zeigt uns die Literatur dieser und späterer Zeiten bis mindestens zum Ende des ersten Jahrtausends, daß auf sexuellem Gebiet ein gewisses Maß an Freizügigkeit herrschte, das mit den in normativen Texten vorgestellten Idealen der keuschen Frau nicht immer zu vereinbaren war. Vor allem scheint es niemals wirklich ein Problem gewesen zu sein, wenn eine Frau nach dem Tod ihres Mannes wieder heiraten wollte. Auch unter den Ming setzte sich diese lockerere Sichtweise in weiten Teilen der Bevölkerung fort. Lokalmonographien, die in dieser Zeit in allen Regionen des Reiches entstanden, preisen jedoch jene Frauen als korrekte Konfuzianerinnen, die ihrem Mann auch nach dessen Tode treu bleiben beziehungsweise ihm sogar freiwillig in den Tod folgen, um nicht wieder verheiratet zu werden. Dieser konfuzianische Fundamentalismus ist wohl in den neokonfuzianischen Lehren des Ch'eng I und des Chu Hsi begründet. Ch'eng I nämlich hatte – ganz im Gegensatz zu Meng-tzu – die Witwentreue für ein höheres Gut als das Leben erklärt, und Chu Hsi war ihm darin gefolgt. Die entsprechenden Sprüche werden gegen die Neokonfuzianer heute gerne ins Feld geführt. Allerdings sollte zu ihrer Ehrenrettung gesagt werden, daß Ch'eng I die Regel ebenso auf Männer anwandte: «Wenn sich zwei Menschen zu Mann und Frau zusammentun, dann gibt es doch nicht die Verabredung, daß wenn einer von beiden stirbt, der Mann sich wieder eine Frau nehmen und die Frau wieder an einen Mann verheiratet werden könnte! Der Bund wird doch nur darauf geschlossen, daß man das ganze Leben Mann und Frau sei!» Eine zweite Hochzeit von einfachen Männern sei nur aus ökonomischen oder sozialen Gründen zu akzeptieren.

Insgesamt scheint es so, daß unter den Ming die Familienmoral konfuzianischer – und das hieß sittenstrenger – wurde. Diese Verschärfung der Unterordnungsrhetorik, sei sie nun auf den Untertan, den Sohn oder die Ehefrau bezogen, sollte zu Anfang des 20. Jahrhunderts der Nährboden für die Angriffe gegen den Konfuzianismus werden, denn dieser wurde von seinen Gegnern nicht mehr über intellektuelle Themen definiert, sondern nur noch über seinen sozialen und moralischen Einfluß.

9. Konfuzianismus unter der mandschurischen Herrschaft

Die letzten Herrscher der Dynastie Ming scheinen sich in einem Geflecht zeremonieller Regeln verstrickt zu haben, das sie letztlich daran hinderte, effiziente Maßnahmen zu ergreifen, als der

Staat langsam in einem Sumpf aus Korruption und Vetternwirtschaft versank. Als im Jahre 1644 mit den Mandschuren aus dem Norden erneut eine tungusische Streitmacht anrückte, die übrigens den Dschurdschen engstens verwandt war, hatten die Ming wenig entgegenzusetzen. Vielleicht wurden die Eroberer auch von manchen als Erlösung empfunden, zumal die neuen Herrscher die alten konfuzianischen Institutionen – zuvörderst das Prüfungswesen – weitgehend von den Ming übernahmen, obwohl sie selbst wie die Mongolen lamaistischen Glaubens waren. Staatliche Institutionen nahmen Prüfungen nach wie vor auf der Basis der Klassikerinterpretationen des Chu Hsi ab. Ähnlich wie vor ihnen die Mongolen versuchten auch die Mandschuren ihre Herkunft dadurch wettzumachen, daß sie Konfuzius und die kanonischen Schriften höher stellten, als ihre chinesischen Vorgänger dies taten. So erhöhten die Ch'ing, wie sich die neue Nebendynastie nannte, zum Beispiel mehrmals die Zahl von Gelehrten, denen im Konfuziustempel geopfert werden sollte; zudem legten sie im Jahr 1727 auch fest, wann der Geburtstag des Konfuzius zu feiern sei, nämlich am 27. Tag des 8. Monats des chinesischen Mondkalenders – also im Herbst. Der *Kung-yang*-Kommentar zu den *Frühlings- und Herbstannalen* sagt, daß der Meister im elften Monat des 21. Jahres der Herrschaft des Herzogs Hsiang von Lu geboren sei. In etwa entspricht der genau angegebene Tag wohl dem von den Ch'ing angenommenen Datum, denn der Kalender und mit ihm der Jahresanfang war im Laufe der Jahrtausende mehrfach verändert worden. Am Geburtstag des Konfuzius wurde das Schlachten von Tieren verboten, und Regierungsangestellte sollten kein Fleisch essen. Allerdings feierte der Kaiser selbst den Geburtstag des Meisters nicht. Lokalmonographien der einzelnen Kreise, die unter den Ch'ing bestanden, listen regelhaft die Existenz eines Konfuziustempels auf, in dem Feierlichkeiten stattfinden konnten.

Eine Reihe von konfuzianisch geschulten Literaten indes verweigerte sich – nach dem Vorbild ihrer Vorgänger am Ende der Sung – den neuen Herrschern, welche ähnlich den Mongolen die höchsten Staatsämter nicht an Chinesen vergaben, egal wie gut deren konfuzianische Ausbildung war. Zunächst führte dies zu heftigen antibarbarischen Texten. Bestes Beispiel dafür ist der Philosoph Wang Fu-chih (1619–1692), der in seinen historischen Schriften an die Ideen des Annalenkommentares von Hu An-kuo anknüpfte. Die chinesische Identität drückten viele Angehörige der Elite durch eine Überbetonung jeglicher Form von Ritualität aus.

Obwohl es zumindest zu Anfang der neuen Dynastie Ch'ing durchaus eine Reihe von originellen Denkern gab, liegt doch das eigentliche Verdienst der chinesischen Literaten in der Folgezeit auf anderen, weniger verfänglichen Gebieten: Einerseits begann Huang Tsung-hsi (1610–1695) umfangreiche Biographiensammlungen der wichtigsten Konfuzianer der Sung, der Yüan (also der Mongolen) und der Ming zu schreiben und damit die genealogische Forschung, die von großen Familien schon länger betrieben wurde, auf das Verhältnis zwischen Lehrer und Schüler zu übertragen. Dieses war immer schon ein wichtiges Thema gewesen – der Lehrer ist für den konfuzianischen Schüler fast so wichtig wie der eigene Vater –, doch stellte das Werk des Huang Tsung-hsi einen entscheidenden Schritt der Erfassung der konfuzianischen Tradition der letzten Jahrhunderte dar. Andererseits entwickelten sich viele Gelehrte zu antiquarisch interessierten Bibliophilen, die sich neben Büchern vor allem für die Erstellung detaillierter Familiengenealogien interessierten. Wieder andere Gelehrte befaßten sich intensiv mit philologischen Themen, eine Betätigung, die allmählich dazu führte, daß alte Gewißheiten über die kanonischen Schriften in Zweifel gezogen wurden.

Auch dafür gab es Vorläufer, die bis in die Zeit der Sung zurückreichten. Schon Ou-yang Hsiu (1017–1072), ein wichtiger Altstilautor und bedeutender Staatsmann, hatte versucht den Nachweis zu erbringen, daß einzelne den Hexagrammtexten des *Buches der Wandlungen* angehängte Kommentare nicht, wie traditionell angenommen, auf Konfuzius zurückgehen könnten. Und ein Jahrhundert später wurde abgestritten, daß die *Riten der Chou* (*Chou-li*) vom Herzog von Chou verfaßt sein konnten. Dies geschah allerdings vermutlich aus politischen Gründen, denn sie waren das Lieblingsbuch des umstrittenen Reformators Wang An-shih gewesen. Doch die textkritische Welle, die sich in den Jahrhunderten der mandschurischen Herrschaft entlud, hatte noch eine ganz andere Dimension: Sie wandte sich nämlich explizit gegen die Interpretationen der kanonischen Schriften durch die Sung-Gelehrten und forderte ein Zurück zur Gelehrsamkeit der Dynastie Han. Diese sei näher am Altertum gewesen und habe deshalb auch noch mehr von den ursprünglichen Aussagen der Weisen gewußt als die vom Buddhismus durchtränkten Denker der Sung. Die Textphilologie der Mandschurenzeit trägt deshalb den bewußt gegen die Sung gerichteten Namen «Han-Gelehrsamkeit» (*Han-hsüeh*).

Als Hui Tung (1697–1758) und Yen Jo-chü (1636–1704) mit Akribie darlegten, daß große Teile der Alttextversion des *Buchs der Urkunden* Fälschungen des 3. Jahrhunderts n. Chr. gewesen seien, da entzogen sie mit diesem Angriff der Prüfungsorthodoxie des Staates einen erheblichen Teil ihrer Legitimation, denn in dem für gefälscht erklärten Teil fand sich ein Satz, auf den Chu Hsi wichtige Argumentationen aufgebaut hatte. Es ging um folgenden Passus: «Das Herz des Menschen ist gefährdet, das Herz des rechten Weges nur klein. Sei fein, bleibe beim Einen und halte fest an der Mitte.» Chu Hsi hatte sich bei seiner Interpretation des *Buches von Maß und Mitte* auf diesen Satz bezogen. Schon der weise Kaiser Yü also, auf den der Satz nach Ansicht der Tradition zurückging, habe eine Unterteilung in einen menschlichen und einen von himmlischer Ordnung (*t'ien-li*) geprägten Bereich vorgenommen. Auf dem Weg zur Mitte müsse man – ähnlich wie auch die Buddhisten forderten – seine menschlichen Begierden abstreifen und sich dem himmlischen Muster annähern.

Die Entdeckungen von Hui Tung und Yen Jo-chü waren die Initialzündung für eine große Anzahl philologischer Studien, denen nun jeder kanonische Text unterzogen wurde. Obwohl die Autorität der Schriften noch nicht an sich in Frage gestellt wurde, waren sie damit doch nicht mehr sakrosankt. Chang Hsüeh-ch'eng, ein Gelehrter des 18. Jahrhunderts, brachte die Entwicklung mit einem berühmt gewordenen Satz auf die Formel: «Die sechs kanonischen Schriften sind sämtlich Geschichte.» Für eine Erforschung des alten chinesischen Schrifttums ist die Kenntnis der von Konfuzianern der Mandschurenzeit unter dieser Prämisse geleisteten Vorarbeiten ebenso unerläßlich wie die zur gleichen Zeit in Europa durchgeführte Bibelkritik für den westlichen Theologen. Auch die Anfang des 19. Jahrhunderts erstellte Edition der nunmehr dreizehn kanonischen Schriften mit den ersten Kommentaren und denjenigen der Zeit der T'ang geht auf einen Textkritiker der Ch'ing zurück. Enthalten sind in diesem neuen Kanon, der bis heute den Auslegungsstandard bestimmt, neben den schon unter den T'ang kanonisierten neun Schriften auch die *Gespräche des Konfuzius*, *Meng-tzu*, der *Leitfaden zur Kindespietät* (*Hsiao-ching*) und das *Erh-ya*, ein frühes Wörterbuch, dessen Kenntnis dem Verständnis des *Buchs der Lieder* dient. Daß Philologen die Kommentare der Han und der T'ang zu höchsten Autoritäten für die Erklärung der kanonischen Schriften ernannten, geschah selbstverständlich nicht nur aus Hochschätzung alter Gelehrsamkeit, sondern richtete sich auch gegen den Standard der Ming, unter denen Auslegungen aus der Zeit der Sung – wie der Kommentar des Ch'eng I zu den *Wandlungen* oder der Annalenkommentar des Hu An-kuo – Standard gewesen waren. Dieser Standard war von den mandschurischen Herrschern nahezu unverändert übernommen worden. Die Privatgelehrsamkeit zielte also recht unverhohlen gegen das staatliche Ausbildungsmonopol.

10. Alttext- versus Neutextgelehrsamkeit

Die meisten Anhänger der Han-Gelehrsamkeit kamen aus dem Unteren Yang-tzu Tal, also dem Gebiet nördlich und südlich des heutigen Shanghai. Oft waren sie Sprößlinge von Familien, die durch den Salzhandel reich geworden waren, diese Herkunft aber dann aufgrund des konfuzianischen Ressentiments gegen den Kaufmannsstand durch besondere Bibliophilie und um so größeren Studieneifer wettzumachen suchten. Aus diesem Milieu stammten auch einige Familien, deren Repräsentanten sich daran machten, die Kommentare zu den *Frühlings- und Herbst-*

annalen auf den Prüfstein zu stellen. Dabei kamen sie zu dem Schluß, daß die *Kung-yang*-Auslegung, die ja auch von den großen Gelehrten Tung Chung-shu und Ho Hsiu der Han gepflegt worden war, derjenigen des *Tso-chuan* vorzuziehen sei. Die Alttextgelehrten der Späteren Han trügen die eigentliche Verantwortung dafür, daß man diesen wertvollen Text in den Hintergrund gedrängt und damit die chinesische Tradition wertvoller Materialien beraubt habe. Diese Entdeckung blieb jedoch zunächst folgenlos. Erst unter dem Eindruck der Schwäche angesichts der europäischen Gewehre, die sich im Opiumkrieg auf chinesische Truppen richteten, gewann die Neubewertung der *Kung-yang*-Tradition eine Bedeutung, die man ihr zuvor kaum hätte zutrauen können. Die Gruppierung, welche die gerade genannte Behauptung aufstellte, wurde später in Anlehnung an den Klassikerstreit der Han unter dem Schlagwort «Neutextkonfuzianer» bekannt.

Seit den Sung hatte die Vorstellung davon, wer Konfuzius wirklich gewesen sei, zwischen zwei Polen geschwankt: Einerseits setzte sich die Tradition des Staatskultes fort, in der Konfuzius lange Zeit als religiöser Meister verehrt worden war. Andererseits gewann durch die Bewegung der Han-Gelehrsamkeit das Bild von Konfuzius als rationalem Denker, der sich nur dem Diesseitigen zugewandt und sich gegen alles Übersinnliche ausgesprochen hatte, Anhänger. Eigentlich sind dies zwei sich gegenseitig ausschließende Betrachtungsweisen. Deshalb ist eine Positionsbestimmung des Begriffs ‹Konfuzianismus› auch so schwierig. Die Neutextkonfuzianer der Ch'ing wandelten auf dem schmalen Grat zwischen beiden Auslegungen. Einerseits nahm ihr Konfuzius messianische Züge an, andererseits schrieben sie ihm die pragmatische Fähigkeit zur Ordnung der Welt zu.

Erst am Ende der Ch'ing aber fand diese eklektische Idee einen Boden, in dem ihre Saat Früchte tragen konnte. Nach mehreren demütigenden Niederlagen gegen die Mächte des europäischen Imperialismus sah sich die Dynastie Ch'ing gezwungen, nach dem Vorbild Japans, gegen das China 1894/95 gerade einen Krieg verloren hatte, Maßnahmen zur Modernisierung des Landes einzuleiten. Diese konnten jedoch nicht einfach als aus Europa übernommene Methoden dargestellt werden. Vielmehr machte sich ein junger Reformbeamter namens K'ang Yu-wei (1858–1927) auf, mit Hilfe der Ideen der Neutextbewegung der Regierung zu zeigen, daß Modernisierung eigentlich bereits ein Anliegen des Konfuzius gewesen sei, daß dieser Gedanke aber durch die auf den Texten der Alttextschule beruhende konfuzianische Orthodoxie schon unter den Späteren Han verschüttet worden sei. Für K'ang Yu-wei war Konfuzius ein «ungekrönter König», ganz wie Jesus König der Juden mit einer Dornenkrone gewesen war. In Übereinstimmung mit diesen Ideen forderte K'ang im Jahr 1898, als sich für die Reformbewegung für kurze Zeit ein Fensterchen zur Macht öffnete, in China ein Religionsministerium zu eröffnen – denn eine echte Religion, die die westlichen Nationen offensichtlich in eine weltbeherrschende Stellung gebracht hatte, fehle im Land. Es gebe nur eine polytheistische Volksreligion, sei sie nun buddhistischer oder taoistischer Natur. Damit ließe sich nicht gegen die überlegenen Kräfte der katholischen oder protestantischen Religion des Westens angehen. Das zu gründende Religionsministerium solle sich deshalb daran machen, den Konfuzianismus zu einer vergleichbaren Institution auszubauen: Des Konfuzius Geburtstag sollte der Anfang einer neuen chinesischen Zeitrechnung werden, Kirchen sollten in allen Städten und Dörfern gebaut und ein in den Vier Büchern und den Fünf kanonischen Schriften bewanderter Mann sollte angestellt werden, der an jedem siebten Tage über diese Texte eine Vorlesung hielte. Dem Religionsministerium sollte, dem Papst ähnlich, ein Mann vorstehen, der die Kontrolle über alle konfuzianischen Aktivitäten im Reiche ausübte.

Mit diesen Vorschlägen wäre der Konfuzianismus mehr als jemals zuvor in die Nähe dessen gekommen, was der damaligen westlichen Vorstellung von einer Religion entsprach. Für einen seiner Gefolgsmänner wurde K'ang Yu-wei damit zum Martin Luther des Konfuzianismus, zum Reformator, der nach jahrhundertelanger Stagnation der Lehre neuen Lebenssaft einflößte und sie zur Basis für einen erfolgreichen chinesischen Staat des

20. Jahrhunderts machte. Doch obwohl seine Vorschläge ernsthaft diskutiert wurden und zu Beginn der chinesischen Republik nach 1911 um ein Haar umgesetzt worden wären, meldeten sich Gegner zu Wort, deren Einwände letztlich mehr Gewicht haben sollten als die Ideen der Befürworter.

Der wichtigste dieser Gegner war Chang Ping-lin (1869 bis 1936), ein Revolutionär, der den Konfuzius zwar nicht ganz entthronen wollte, ihm aber dennoch nicht die Stellung eines ungekrönten Königs zubilligte, sondern ihn nur als guten Historiker beziehungsweise als Erzieher seines Zeitalters gewürdigt wissen wollte. Aber immerhin: Chang Ping-lin entdeckte in Konfuzius noch den rationalen Denker, der seit den Sung zumindest von einer konfuzianischen Richtung als der wahre Meister hervorgehoben worden war und den letztlich auch die Jesuiten nach Europa vermittelt hatten. Im Jahr 1913 schrieb Chang einen Aufsatz unter dem Titel «Zurückweisung der Petition eine konfuzianische Religion einzuführen». Er argumentierte darin, China habe niemals eine nationale Religion, sondern nur eine Art sozialer Erziehung gehabt – dies träfe übrigens nicht nur auf die Lehren des Konfuzius, sondern auch auf diejenigen des Buddha zu, die allein dem Weisheitsstreben verpflichtet gewesen seien, sich aber dem Glauben an eine Gottheit konsequent enthalten hätten. Dies sei auch der große Vorzug, den China gegenüber Europa besäße. Die Etablierung des Konfuzianismus als Religion sei im Grunde nur eine Strategie der christlichen Missionare, die auf diesem Wege China unterwandern könnten, was ihnen mit ihren eigenen Lehren unmöglich sei. Der Widersinn, den die Schaffung einer monströsen konfuzianischen Religion bedeutet hätte, war ganz offensichtlich zu vielen denkenden Menschen klar geworden.

IV. Konfuzius im 20. Jahrhundert

1. Die Bilderstürmer und ihre Grenzen

Im Jahr 1905 entschloß sich die Regierung der Ch'ing, das über eintausend Jahre alte Prüfungswesen abzuschaffen, das eine der Bastionen gewesen war, die den kanonischen Schriften eine feste Stellung in China garantiert hatten. Zwar beschloß man etwa zur selben Zeit, daß Schüler den Konfuzius zu ehren hatten und in den Grundschulen ein beträchtlicher Anteil der Stunden dem Studium der kanonischen Schriften zu widmen sei, doch scheint es so, daß diese Maßnahmen keine rechte Wirkung mehr entfalten konnten, nachdem es plötzlich andere Möglichkeiten gab, zu Status und Ansehen zu gelangen, als durch kanonische Studien. Besorgt wurde 1907 in den Ministerien zur Kenntnis genommen, daß Konfuzius eben nicht dieselbe Position im Staate einnahm wie Jesus in den westlichen Demokratien und daß sich niemand recht an ihn hielt.

Von dieser Situation aus war es nur noch ein kleiner Schritt bis zur vollständigen Entthronung des Konfuzius durch die Protagonisten der sogenannten 4. Mai-Bewegung, die nach dem Tag des Jahres 1919 benannt ist, an dem einige Tausend Studenten gegen die Ungerechtigkeiten des Versailler Vertrages protestierten, der den Japanern die deutschen Kolonialgebiete in Ostchina zugesprochen hatte. Der Wortführer dieser Bewegung, die ihre Stimme eigentlich schon lange vor 1919 erhoben hatte, war Ch'en Tu-hsiu (1879–1942), einer der späteren Begründer der Kommunistischen Partei.

Die Begeisterung für Konfuzius hatte nur an der Oberfläche gelodert, während die Grundlagen der traditionellen Ausbildung erodierten. Junge Ikonoklasten begannen zu fragen, ob denn nicht gerade die von den Vätern – waren sie nun traditionalistisch-revolutionär gesonnen wie Chang Ping-lin oder traditionalistisch-reformerisch wie K'ang Yu-wei – so gepriesene konfuzianische Zivilisation der Hemmschuh war, der China im Konkurrenzkampf der Nationen so weit zurückgeworfen hatte. 1915 gründete eine Gruppe um Ch'en Tu-hsiu die Zeitschrift «Neue Jugend». Darin veröffentliche dieser gleich in den ersten Ausgaben mehrere wütende Pamphlete gegen den Konfuzianismus, in denen er darlegte, wie unvereinbar konfuzianische Ideale mit jenen der fortschrittlichen Gesellschaften des Westens waren.

Die Idee einer konfuzianischen Staatsreligion, und wäre sie auch nur auf dem kleinsten gemeinsamen Nenner errichtet worden, hatte ausgespielt. Sie stand für ein überkommenes Weltbild, das ausgedient hatte und zerschlagen werden mußte. Konfuzianismus wurde jedoch in den Augen seiner modernen Feinde nicht als ein philosophisches oder gar religiöses System verstanden, sondern auf seine soziale Bedeutung reduziert: auf die hierarchisierende Komponente der Drei Richtlinien und der Fünf Beziehungen, die Unterwerfung des Untertanen unter den Fürsten, die mit der Demokratie unvereinbar ist, diejenige des Sohnes unter den Vater, welche kein Revolutionär akzeptieren kann, und diejenige der Frau unter den Mann. Wie in allen vom Kolonialismus erfaßten Ländern wurde auch in China die Befreiung der Frau heftig diskutiert. Sichtbaren Ausdruck fand diese Bewegung in der Tatsache, daß sich moderne Frauen die Füße nicht mehr einbanden und dies vor allem jungen Mädchen nicht mehr antaten – auch dies ein Brauch, der ob zu Recht oder nicht konfuzianischem Denken angelastet wurde.

Von amerikanischen Universitäten kamen junge chinesische Gelehrte wie Hu Shih und Feng Yu-lan, die beide voller neuer Ideen waren, wie das chinesische Altertum aufgearbeitet werden müsse. Die Demonstranten des 4. Mai 1919 forderten in Peking mehr als eine Revision des nicht nur Deutschland, sondern widersinnigerweise auch China von den Alliierten aufoktroyierten Vertrages. Sie gingen aber noch viel weiter: Eine neue Literatur, vor allem eine neue Literatursprache, sollte entstehen, welche das klassische Chinesisch, in dem die kanonischen Schriften abgefaßt waren, hinwegfegen sollte. Damit wurde die Verbindung zu den Quellen gekappt, aus denen konfuzianisches Denken kam. Hu Shih, der sich an die Spitze der Ikonoklasten stellte, ist berühmt geworden durch seine Forderung: «Zerschlagt den Konfuziusladen». Lu Hsün, der mit weitem Abstand bedeutendste Schriftsteller, den China im 20. Jahrhundert hervorgebracht hat, beschreibt in seinen im Umfeld der 4. Mai-Bewegung entstandenen bekanntesten Kurzgeschichten – «Die wahre Geschichte von Ah Q» oder «K'ung I-chi» – hilflose Außenseiter, die am Rand der Gesellschaft vegetieren, konfuzianische Zitate von sich geben und nicht einsehen können, daß die überkommene Gesellschaft zusammengebrochen ist.

Mit dem jungen Gelehrten Ku Chieh-kang gründete Hu Shih im Jahr 1926 die Zeitschrift *Ku-shih pien* (*Erörterungen über die Geschichte des Altertums*), die sich den ikonoklastischen Standpunkt zu eigen machte. Ihr Ziel war, den Zweifel an überkommenen Wahrheiten, den «Zweifel am Altertum» (*i-ku*) zu propagieren – einer der älteren Autoren dieser Zeitschrift schrieb gar unter dem Pseudonym «Zweifler am Altertum». Nach der gesellschaftlichen Diskreditierung des Konfuzianismus wollte die Zweiflerbewegung nun mit wissenschaftlichen Methoden auch den konfuzianischen Schriften ihre Grundlage entziehen. Sie versuchte zu beweisen, daß Konfuzius und andere traditionell verehrte Weise des Altertums weder als Autoren noch als Redakteure der kanonischen Schriften in Frage kamen und daß diese großenteils wesentlich jüngeren Datums waren als dies zuvor grundsätzlich behauptet worden war.

So ist es kein Wunder, daß im Jahr 1927 der deutsche Sinologe Otto Franke in einem Vortrag sagen konnte:

> Wir werden nunmehr bei der Frage: Welche Rolle spielt der Konfuzianismus in der Krise der Gegenwart? die Antwort geben können. Diese Antwort lautet: keine Rolle. Oder höchstens: die eines Verstorbenen in einem zusammengestürzten Hause. Wer glaubt, den Konfuzianismus aus den Trümmern des alten China retten zu können oder zu sollen, der muß sich bewußt bleiben, daß er einen Leichnam trägt. Der mit Konfuzius und dem Konfuzianismus getriebene Kultus, der unter dem Einfluß ungeschichtlicher Vorstellungen im Abendlande vielfach Mode geworden ist, wird in China teils mit Erstaunen, teils mit einem Lächeln beobachtet.

Franke spielte ironisch auf die Chinoiserien an, die vor allem im Deutschland der 1920er Jahre hoch in Mode waren. Er wollte zeigen, daß das, was man sich damals in Europa gemeinhin unter China und seiner Kultur vorstellte, mit der Realität nichts zu tun hatte. Ob jedoch der Konfuzianismus – was immer man darunter versteht – wirklich so tot war, wie Otto Franke meinte, ist durchaus umstritten. An Ku Chieh-kang, einer der schillerndsten Persönlichkeiten im chinesischen Geistesleben des 20. Jahrhunderts, waren auch die Lehren des Chang Ping-lin durchaus nicht spurlos vorübergegangen. Hinter seinem offen proklamierten Ikonoklasmus verbarg sich eine nur selten deutlich akzentuierte, dafür aber um so hartnäckigere Liebe zu den traditionellen Materialien, mit denen er umzugehen hatte. Vor allem in den 1930er Jahren begann Ku, die zuvor einander ausschließenden Positionen der Neutextschule des K'ang Yu-wei und der Alttextschule des Chang Ping-lin miteinander zu versöhnen. Irgendwann fing auch Hu Shih an, als eigentlichen Feind Chinas die buddhistische Lehre auszumachen, und schrieb wüste Pamphlete gegen die aus Indien eingedrungene Fremdlehre, welche die chinesische Kultur im Mark geschwächt habe.

Die Zeitschrift «Erörterungen über die alte Geschichte», die ja eigentlich angetreten war, liebgewonnene traditionelle Vorstellungen rücksichtslos zu zertrümmern, veröffentlichte schon in ihrer zweiten Ausgabe mehrere Aufsätze des jungen Philosophiehistorikers Feng Yu-lan, dessen 1930 erschienene *Geschichte der Chinesischen Philosophie* heute noch immer die bekannteste Gesamtdarstellung chinesischen Denkens ist. Obwohl auch in der Biographie des Feng Yu-lan durchaus revolutionäre Elemente vorhanden sind, ist doch bei ihm die traditionelle Gesinnung noch wesentlich stärker ausgeprägt als bei Ku Chieh-kang. Wie sein Kollege Ch'ien Mu forderte er seine Zunft dazu auf, bei der Untersuchung des Altertums nicht nur zu zerschlagen, wie dies noch die meisten Denker der Generation zuvor gefordert hatten, sondern vor allem nach positiven Punkten zu suchen, die dem gepeinigten chinesischen Volk zur Steigerung seines Selbstbewußtseins als leuchtende Vorbilder vorgestellt werden konnten.

2. Konfuzius in der Volksrepublik China

Die vom Krieg überschatteten 1940er Jahre ließen eine sinnvolle Beschäftigung mit der Tradition, mit Konfuzius und dem Konfuzianismus nur in begrenztem Maße zu. Doch nach der Teilung Chinas 1949 sollte der Grundgedanke, die Tradition als Gegenstück zur scheinbar überlegenen westlichen Zivilisation zu nutzen, sowohl auf Taiwan als auch in der VR China Früchte tragen. Sogar Mao Tse-tung, der nach reiner marxistischer Lehre im Konfuzianismus nur ein Relikt feudaler Vergangenheit hätte sehen müssen, forderte dazu auf, bei der Sichtung des alten Materials behutsam vorzugehen und sorgfältig die guten von den schlechten Elementen zu scheiden. Viele Intellektuelle folgten Mao aufgrund einer Mischung aus revolutionärer Begeisterung und Vaterlandsliebe.

Im Rahmen der großen Landreform, die zu Beginn der 1950er Jahre durchgeführt wurde, dürften zahllose Grundbesitzer den Tod gefunden haben. Manche Schätzungen gehen davon aus, daß sich die Zahl auf bis zu fünf Millionen Menschen belief. Da dies die Schicht war, aus der sich traditionell der Nachwuchs für die gebildeten Beamtenanwärter rekrutierte, war die Säuberung gleichzeitig ein erheblicher Schlag für die traditionelle Kultur. Um diese Zeit begann in universitären Kreisen eine Debatte über die korrekte Periodisierung der chinesischen Geschichte. Dabei war man kaum an den zurückliegenden zweitausend Jahren interessiert. Es galt als klar, daß dies die Periode des Feudalismus gewesen war, über die man nicht zu diskutieren brauchte. Wichtig jedoch war die Zeit davor, denn für diese mußte erörtert werden, wann die nach marxistischer Theorie universal gültigen Epochen der Sklavenhaltergesellschaft geendet und wann diejenige des Feudalismus begonnen hatte. Diese Diskussion wurde in erster Linie mit Argumenten geführt, die um die Person des Konfuzius kreisten. Dabei ging es darum, ob er als Repräsentant der Sklavenhaltergesellschaft aufzufassen sei, also ein rückständiges Element schon zu seiner Zeit, oder aber ob er Sprachrohr der sich gerade neu formierenden Großgrundbesitzerklasse, die sich von den alten Adelsfesseln frei zu machen begann, gewesen sei.

Wer Konfuzius für einen Großgrundbesitzer hielt, der faßte ihn «positiv» auf, das heißt als einen fortschrittlichen Denker, der nicht in Bausch und Bogen verworfen werden mußte. Interessanterweise finden wir in dieser Diskussion dieselbe Debatte wieder, die zwischen Traditionsfeinden und -bewahrern schon seit Beginn des Jahrhunderts geführt worden war. Geändert hatte sich allerdings die Terminologie. Während zuvor recht offen gesprochen worden war, verbargen sich die beiden Meinungen nun hinter einer manchmal schwer zu fassenden marxistischen Nomenklatur. Neben solchem Vokabular fanden sich in den zahlreichen Artikeln, die zu diesem Thema verfaßt wurden, jedoch vor allem Zitate aus den *Gesprächen des Konfuzius*, der wichtigsten traditionellen Quelle, aus der wir heute etwas über dessen Lehre wissen. Beide Seiten suchten durch diese Zitierweise zu belegen, daß sie traditionell gebildet waren, ein erstaunlicher Faktor für ein Land, das gerade in einer Revolution die Tradition verworfen hatte. Bei dieser Diskussion handelte es sich nicht nur um eine wissenschaftliche Fußnote zu den historischen Ereignissen. Vielmehr wurde hier über das grundlegende Staatsverständnis der jungen VR China gesprochen. Das zeigt sich darin, daß ein großer Teil der Beiträge in den selbstverständlich zentral gelenkten Medien wie der «Volkszeitung» oder der «Kuang-ming jih-pao» veröffentlicht wurden. Auch wenn der amerikanische Sinologe Joseph Levenson Anfang der 1960er Jahre ähnlich wie Otto Franke in den 1920er Jahren proklamierte, Konfuzius sei für die Kommunisten nur noch ein nationales Monument, das unverehrt oder auch unzerstört in die Stille des Museums entlassen werde, zeigt die Hitze, mit der die Debatte geführt wurde, daß die zu allen Zeiten mit unterschiedlichem Inhalt gefüllte Hülle des Konfuzianismus ein Gegenstand war, der sich mehr als alle anderen traditionellen Themen für eine Diskussion über den rechten Weg eignete.

Zur Mitte der 1960er Jahre wurde die Konfuziusdiskussion etwas aus dem Zentrum des öffentlichen Interesses verdrängt. Man kritisierte den Großen Vorsitzenden durch die Blume –

aber doch recht direkt –, indem man in der Volkszeitung Artikel über tyrannische und autokratische Herrscher der feudalen Tradition und deren Fehlentscheidungen veröffentlichte. Der Vizebürgermeister von Peking und Historiker Wu Han (1909–1969) verfaßte ein Theaterstück über den vorbildlichen konfuzianischen Beamten Hai Jui (1513–1587), der seinen Herrscher mutig kritisiert und damit Erfolg gehabt habe – ein deutlicher Appell an die Intellektuellen, die konfuzianische Tugend der Ermahnung nicht zu vergessen, sondern einzusetzen, um die Exzesse des Großen Sprungs nach vorn anzuprangern. Mit einer Kritik des späteren Mitglieds der sogenannten «Viererbande» Yao Wen-yüan an diesem Theaterstück und dem kurz darauf erfolgten Sturz der Pekinger Stadtführung begann die Kulturrevolution, während derer Konfuzius wieder zur Unperson wurde.

Doch damit nicht genug. Als die Kulturrevolution zu Beginn der 1970er Jahre im Abflauen begriffen schien, durch den Besuch des amerikanischen Präsidenten Nixon auf internationalem Terrain Tauwetter gegenüber dem Kapitalismus eingeleitet wurde und Chou En-lai begann, pragmatischere Politik durchzusetzen, da brachen plötzlich 1973/74 die unter Druck geratenen linken Kräfte um Maos Frau Chiang Ch'ing eine Kampagne vom Zaun, die an Spiegelfechterei alles in den Schatten stellte, was sich seit 1949 in China abgespielt hatte. Lin Piao, der Verteidigungsminister und die ehemals wichtigste Stütze für Mao Tse-tung in seinem Kampf um die Macht, welcher die Kulturrevolution in erster Linie gewesen war, war 1971 auf mysteriöse Weise mit einem Flugzeug über der Mongolei abgestürzt. Er wurde des Versuchs beschuldigt, die Entmachtung von Mao Tse-tung angestrebt zu haben und nach dem Scheitern dieses Vorhabens zum Staatsfeind Nummer eins, in die Sowjetunion geflohen zu sein. Zunächst scheinen die Reformkräfte um Chou En-lai auf die Idee gekommen zu sein, diesen Tod für sich zu instrumentalisieren. Sie warfen Lin Piao, ihrem ehemaligen Gegenspieler, vor, seine reaktionären Vorhaben mit konfuzianischen Zitaten garniert zu haben. Da gingen Chiang Ch'ing und die linken Kräfte zum Gegenangriff über. Sie entfachten die berühmte Kampagne «Kritisiert Lin Piao, kritisiert Konfuzius» und wandten sich ihrerseits gegen Chou En-lai.

Plötzlich sprachen die von den linken Kräften dominierten Zeitungen und Zeitschriften des ganzen Landes nur noch von einem Thema: dem Kampf zwischen den uralten Philosophien des Konfuzianismus und des Legalismus. Konfuzianische Tugenden wurden als reaktionär gebrandmarkt. Der Legalismus der reichseinigenden Dynastie Ch'in war durch die gesamte traditionelle Geschichte hindurch als brutal und grausam verschrieen gewesen. Nun wurde er mit dem Staatssozialismus des «modernen» China verglichen und rehabilitiert. Hatte Mao 1958 während des Großen Sprungs nach vorn den Ersten Erhabenen Kaiser der Ch'in, für dessen Autokratismus er immer eine gewisse Vorliebe gehabt hatte, noch verhöhnt, weil dieser der Überlieferung nach nur 460 Konfuzianer lebendig begraben habe, während er selbst 460 000 Konfuzianer auf dem Gewissen habe, so wurde Mao in den Zeitungsartikeln des Jahres 1974 nur noch als das Abziehbild des Ersten Erhabenen von Ch'in dargestellt. Die Umgebung des Ch'in Shih-huang ti wurde, getreu den traditionellen historiographischen Überlieferungen, als verworfen und korrupt wiedergegeben. Dabei trugen die Beschreibungen der einzelnen Minister eindeutig die Züge des Premierministers Chou En-lai, der Eunuch, der für den Fall der Ch'in-Dynastie verantwortlich war, glich dem kurz zuvor rehabilitierten Teng Hsiao-p'ing. Ganz offensichtlich war die Kampagne zur Kritik an Lin Piao und an Konfuzius eine nur mühsam kaschierte Mediendebatte über die Thronfolge, die sichtlich bevorstand, denn Mao war krank und schien nicht mehr recht in die Politik involviert zu sein. Das Leben des Konfuzius wurde nun als Comic veröffentlicht, wobei die Texte auf den Aussprüchen der Gespräche des Konfuzius fußten, aber dazu dienten, den Nachweis zu führen, daß Konfuzius ein Sklavenhalter gewesen war (Abb. 4). Indem man die rechte, bürokratische Fraktion als konfuzianisch verunglimpfte, sollte der Weg freigemacht werden für die Herrschaft der Linken.

Die Kampagne verpuffte jedoch ergebnislos. Anders als zu Beginn der Kulturrevolution mußte kein wichtiges Politbüro-

4 *«Kongs Erziehungsziel war ganz klar: Für die Wiederherstellung des Systems der Sklaverei wollte er seinen Studenten die Klauen und Zähne schärfen. Hier lautete seine Parole: ‹Durch Studium sich auszeichnen, und dann in den öffentlichen Dienst!› Im öffentlichen Dienst sollten die Studenten dann gegen die Revolution und für die Restauration des Sklavensystems kämpfen.» – Ausschnitt aus dem Comic* Das wahre Gesicht des Konfuzius. *Auf dem Banner steht: «Durch Studium sich auszeichnen ...» (Aus: Konfuzius und der Räuber Zhi, hrsg. und aus dem Chinesischen übersetzt von Ch. Harbsmeier, Frankfurt a. M. 1978)*

mitglied gehen. Mit dem Sturz der Viererbande kurz nach dem Tod Maos im Herbst 1976 änderte sich auch die offizielle Einschätzung des Konfuzius wieder. Besonders seit Teng Hsiao-p'ing im Dezember 1978 die Macht ergriffen hatte, stellte sich die kommunistische Führung wieder anders zur chinesischen Tradition. 1979 wurde auf einem Symposium der Akademie der Sozialwissenschaften der Slogan ausgegeben, daß hundert Schulen miteinander wetteifern sollten – eine unverhohlene Anspielung auf die geistige Situation vor der Machtergreifung des Ch'in Shih-huang ti im 3. Jahrhundert v. Chr. Schon auf einer

Tagung in Shan-tung, der Heimatprovinz des Konfuzius, die im Oktober 1978 stattfand, war die Losung ausgegeben worden, Konfuzius müsse neu interpretiert werden. Die Kampagne der Kritik an Lin Piao und Konfuzius wurde als das entlarvt, was sie wirklich gewesen war: der Versuch eines Kampfes um die Macht im Staate.

Klassenanalyse verlor im Lauf der kommenden Jahre innerhalb der chinesischen Konfuziusforschung immer mehr an Bedeutung. Statt dessen wurden die alljährlichen Feierlichkeiten zum Geburtstag des Konfuzius wieder aufgenommen. Im Jahr 1984 wurde in seinem Heimatort Ch'ü-fu vor einer großen Zahl geladener ausländischer Gäste eine neue Konfuziusstatue aufgestellt – die alte war während der Kulturrevolution zerstört worden. 1985 wurde eine Konfuziusstiftung gegründet, welche eine Zeitschrift herausgibt, die sich nur mit Konfuzianismusforschung beschäftigt. 1987 sagte der greise Philosophiehistoriker Feng Yu-lan der an die in China lebenden Ausländer gerichteten Zeitung *China Daily*, wie sehr er sich danach sehne, wie einst in den 1920er und 30er Jahren mit dem mittlerweile in Taiwan lebenden Ch'ien Mu nach Herzenslust über Konfuzius diskutieren zu können – ein deutliches Anzeichen dafür, daß die Renaissance dieses Denkers nicht nur mit dem Aufschwung des Tourismus zusammenhing, sondern auch dazu diente, Taiwan, wo konfuzianisches Kulturgut gepflegt wurde, auf ideologischem Gebiet Konkurrenz zu machen. Der Marxismus bzw. der Maoismus spielte zu diesem Zeitpunkt für viele, vor allem junge Leute als Identifikations- und Leitlinie keine Rolle. Der obligatorische Unterricht in den marxistischen Klassikern wurde nun seinerseits als verknöchert und traditionell chinesisch angesehen. Zusätzlich zu revolutionärem Enthusiasmus sollte der Jugend nun Liebe zur Tradition eingepflanzt werden.

Ein letzter Gesichtspunkt darf nicht unerwähnt bleiben, der die Haltung zum Konfuzianismus in den 90er Jahren des 20. Jahrhunderts nachhaltig beeinflußt hat. Max Weber hatte bekanntlich schon vor langer Zeit den Konfuzianismus als einen der Hauptgründe für das Zurückbleiben Chinas im internationalen Wettbewerb ausgemacht. Im Gefolge von Thesen amerikanischer Überseechinesen und südostasiatischer Staatsmänner, allen voran des Präsidenten Lee Kuan-yew von Singapur, ist dieses Verdikt zu Anfang der 1990er Jahre umgedreht worden. Seit Beginn des chinesischen Wirtschaftsbooms im Jahr 1992 ist der Lobpreis auf den Konfuzianismus auch in der Volksrepublik China wieder salonfähig geworden. Die Harmonielehre des Konfuzius eignet sich bestens, um ausländischen Investoren erstens den eigenen Erfolg zu erklären und zweitens eine Investition schmackhaft zu machen. In einer konfuzianischen Konsenskultur drohen keine Streiks. Daher ist in keiner Weise erstaunlich, daß bei der Gründung der «Internationalen Konfuzianismus-Gesellschaft» im Oktober 1994 viel politische Prominenz zugegen war. Der Konfuzianismus, so die Politiker, solle eine positive Rolle beim Aufbau einer geistigen sozialistischen Zivilisation spielen. Allerdings ging der Enthusiasmus nicht so weit, daß man sich der Forderung einiger ausländischer Konferenzteilnehmer angeschlossen hätte, den Konfuzianismus in noch größerem Maße aufzuwerten. Die identifikationsstiftende Funktion eines vagen traditionellen Sentiments, das von vielen Chinesen unbestimmt als «konfuzianisch» empfunden wird, wird zwar gerne akzeptiert, sich jedoch wieder als ganz und gar konfuzianische Gesellschaft zu definieren, wäre ein gefährlicher und auch unrealistischer Tabubruch, zu dem kein hochrangiger chinesischer Politiker bereit ist. So dürfte es wohl auch im anbrechenden 21. Jahrhundert kein «konfuzianisches» China geben.

3. Ist das heutige China konfuzianisch?

Was bleibt? Trotz der Distanz, welche die chinesische Führung zum «Konfuzianismus» noch immer wahrt, breitet sich besonders in neuen Wissenschaften wie der Interkulturellen Kommunikation unverhohlen und virusartig der Versuch aus, bestimmte, China bzw. Ostasien eigentümliche Eigenschaften als «konfuzianisch» zu bezeichnen. Doch die drei zentralen Pfeiler, über die das Phänomen «Konfuzianismus» während der letzten zweitausend Jahre definiert werden kann, sind im 20. Jahrhundert eingestürzt. Der staatliche Kult des Konfuzius, der teilweise ganz eindeutig religiös motiviert gewesen ist, seine Verehrung in Tempeln und in Schulen wird sich, zumindest in flächendeckendem Umfang, in absehbarer Zukunft nicht leicht wiederbeleben lassen. Das Prüfungswesen, von einem japanischen Sinologen einmal auch als die chinesische «Prüfungshölle» bezeichnet, ist nicht mehr zeitgemäß. Mit den kanonischen Schriften des Konfuzianismus werden sich die Herausforderungen des 21. Jahrhunderts nicht bewältigen lassen. Über zweitausend Jahre hat sich konfuzianische Argumentation, innerhalb derer viel inhaltlich Widersprüchliches gesagt werden konnte, äußerlich dadurch ausgezeichnet, daß eigene Ansichten mit Verweis auf die kanonischen Schriften vorgetragen wurden. Das ist heute nicht mehr der Fall. Und die volkstümliche Verehrung des Konfuzius als dritte Säule ist ihrer Ausdrucksmittel weitgehend beraubt. Das 20. Jahrhundert hat die Grundlagen konfuzianischer Rhetorik hinweggefegt. Physisch ist der Konfuzianismus tot.

Doch was ist überhaupt «Konfuzianismus»? Dem Begriff gegenüber ist durchaus Vorsicht geboten. Die Frage, ob es sich um eine Religion oder nur um eine diesseitige Doktrin zur Ordnung des menschlichen Zusammenlebens handelt, ist so alt wie die europäische Sinologie, die mit den jesuitischen Missionierungsversuchen in China ihren Anfang nahm. Natürlich hängt die Beantwortung dieser Frage auch vom jeweiligen Religionsbegriff ab, den der Fragende befürwortet.

Für die Jesuiten war der Fall klar: Sie freuten sich, in China eine Lehre vorzufinden, die im Gegensatz zu Buddhismus und Taoismus nur auf das Diesseits ausgerichtet, also nicht transzendent war. Die ersten Missionare hofften, in dieser autochthonen Tradition einen Verbündeten zu haben, um gegen den im Volke weit verbreiteten, aber von chinesischen Gelehrten oftmals als fremd angeprangerten Buddhismus und den im Kult nach außen hin ähnlich anmutenden Taoismus vorgehen zu können. Buddhistische und taoistische Mönche hatten in der Bevölkerung weitgehend das Monopol auf zeremonielle Belange des Alltagslebens, zum Beispiel die rituelle Ausgestaltung von Hochzeiten und Begräbnissen – auch wenn dabei generell Regeln aus den konfuzianischen Ritentexten beachtet wurden – oder auch die Segenserteilung für neugeborene Kinder. Sogar im Ahnenkult, der, obwohl schon lange vor Konfuzius in China existent, oftmals als zentrales Element des Konfuzianismus ausgemacht wird, war in der späten Kaiserzeit buddhistischer Einfluß unverkennbar, beispielsweise in Form der Verbrennung von Totengeld, einer Praxis, die sogar im *Traum der Roten Kammer*, einem beliebten Roman des 18. Jahrhunderts, als unkonfuzianisch kritisiert wird. Buddhisten und Taoisten also waren für die Missionare potentielle Konkurrenten um die chinesischen Seelen, nicht die Konfuzianer, die im Normalfall nur bei staatlichen Anlässen auf rituellem Gebiet in Erscheinung traten.

Missionierung sollte nach Vorstellung der Jesuiten daher von oben nach unten erfolgen. Zuerst sollten Gelehrtenbeamte, die Buddhismus und Taoismus gegenüber indifferent bis ablehnend waren und dementsprechend in gewisser Weise eine blanke Seele aufwiesen, gewonnen werden. Unter Ausnutzung der traditionellen Feindschaft vieler solcher Gelehrter gegenüber den volkstümlichen Religionen wollten die Jesuiten alsdann das Christentum an deren Stelle setzen. Der Konfuzianismus wurde einem staunenden und die Nachrichten begierig aufsaugenden Publikum in Europa als eine weise Philosophie dargestellt, infolge derer es um China weitaus besser bestellt sei als um den Sündenpfuhl des Okzidents. Die Chinaeuphorie von Leibniz, Wolff oder Voltaire hat ihren Ursprung in jesuitischer Vermittlung.

Wenn heute behauptet wird, asiatische Nationen, allen voran China, seien «konfuzianisch», dann hat diese Aussage ihren Ursprung im jesuitischen Bild des Konfuzianismus, selbst wenn die Verfechter dieser These Asiaten sind. Alle religiösen Aspekte des Konfuzianismus, die unbestreitbar für lange Zeit dagewesen sind und auch eine entscheidende Rolle gespielt haben, werden in dieser Argumentation heruntergespielt. Statt dessen heißt es nun, Elemente konfuzianischen Denkens seien in Form eines Substrates übriggeblieben, das noch heute die Handlungen von Ostasiaten bestimme. Gerne werden vermeintlich China oder aber ganz Ostasien eigene Besonderheiten auf das Erbe des Konfuzianismus zurückgeführt. Wo europäische und amerikanische

Unternehmen an die Grenzen ihres Verständnisses stoßen, da werden schnell konfuzianische Kräfte verantwortlich gemacht, die nur recht verstanden werden müßten, damit sich auch in entlegenen Weltgegenden der kommerzielle Erfolg einstelle.

Indessen ist Vorsicht gegenüber dem Etikett konfuzianisch vor allem dann angebracht, wenn die Verhaltensweisen des «Ostasiaten an sich» isoliert und als «konfuzianisch» bezeichnet werden. Oft machen sich Anhänger der Konfuzianismusthese nicht die Mühe, die jeweilige Qualität tatsächlich in konfuzianischen Texten zu verorten. Insbesondere ziehen sie nicht in Betracht, äquivalente Ideen ganz genauso in christlichen oder muslimischen Texten zu suchen (und auch zu finden). Statt dessen sollte darüber nachgedacht werden, von einem traditionellen Verhalten im Gegensatz zu demjenigen von Gesellschaften zu sprechen, welche eine Moderne bereits in allen positiven und negativen Konsequenzen durchgemacht haben.

Die Formeln, auf die das Problem gebracht wird, sind wacklig. Konfuzianisch, so heißt es zum Beispiel, sei die «Beharrlichkeit» des Ostasiaten, auch sein Glaube an Hierarchien, sein Drang danach, Konflikte nicht in der Auseinandersetzung, sondern im Konsens zu lösen, Diesseitigkeit oder ein besonderes Gefühl für Vertrauensgemeinschaften wie diejenige der Familie – in Anlehnung an den Anfangspassus des Kapitels vom Großen Lernen aus den *Vier Büchern* und vieler anderer konfuzianischer Schriften, welche ebenfalls die Bedeutung der Familiengemeinschaft betonen.

Vielleicht läßt sich tatsächlich eine ausgeprägte Familien- oder Gruppenbezogenheit am ehesten als konfuzianisch einstufen. Das mag darauf zurückzuführen sein, daß die Familie in konfuzianischen Schriften, angefangen mit dem «Großen Lernen», immer als die kleinste Einheit angeführt wird, innerhalb derer Tugenden einzuüben sind, damit sie dann auf den Staat übertragen werden können, um diesen zu stabilisieren. In der Tat haben chinesische Gruppen oft einen erstaunlichen Zusammenhalt, auch weil bestimmte, häufig auf Altersunterschieden und persönlichen Bindungen fußende Hierarchien nicht in Frage gestellt werden. Doch erst die Zukunft wird erweisen, ob dies wirklich auf einer spezifischen kulturellen Prägung beruht oder ob es sich dabei nicht um ein ephemeres Phänomen handelt, das die Modernisierung hinwegfegen wird.

Keines der anderen Etiketten, welche in der Literatur einzelnen Haltungen als konfuzianisch angeheftet werden, will wirklich überzeugen, auch nicht die in den *Gesprächen des Konfuzius* (LY 2.3) angedeutete Reserviertheit gegenüber der Ordnung von Angelegenheiten auf juristischem Wege. Zu häufig berichten spätere Quellen von konfuzianisch gebildeten Chinesen, die gegeneinander prozessierten, als daß solche normativen Aussagen einfach auf die Praxis übertragen werden dürften. Standhaftigkeit, Gesichtswahrung, Sparsamkeit, Schamgefühl – all diese Kategorien sind Werte, die keine Kultur, welche die Postmoderne noch nicht hinter sich gelassen hat, nicht auf ihrer Positivliste hätte. Daß Konfuzius sie ebenfalls pries, zeigt im Grunde nur, wie universell seine Lehren gewesen sind. Gleiches gilt für weitere Elemente, die gerne für das spezifisch Ostasiatische ins Feld geführt werden: Ehre das Alter? Das trifft sicherlich auf Ostasien noch heute zu, doch ist gerade dies ein Wert, den jede vormoderne Gesellschaft hochgehalten hat, also ganz gewiß keine Spezialität des Konfuzianers. Die dreijährige Trauerfrist, die in der konfuzianischen Tradition konkreter Ausdruck der Ehrfurcht vor den Eltern war, ist heute weggefallen.

Gewisse hierarchische Elemente der Lehren des Konfuzius werden heute in China wahrscheinlich gerade deshalb von offizieller Seite betont, weil man in ihnen ein Gegengift gegen die negativen Auswüchse einer im Modernisierungsprozeß aus den Fugen geratenden Gesellschaft sieht. Aufrichtigkeit, Ehrlichkeit oder moralische Unbestechlichkeit sind in der Tat die Werte, die schon von Konfuzius gefordert wurden und einem chinesischen Beamten in jedem traditionellen Text als Tugenden angerechnet worden sind. Doch wenn ostasiatische Politiker heute an diese Tugenden appellieren und auf das «Konfuzianische» der Region verweisen, dann dürfte der Grund dafür eher sein, daß gerade diese Werte eben nicht so hoch im Kurs stehen.

Auch geht niemand so weit, die Unterordnung der Frau unter

den Mann, die ja eine der tragenden Säulen der Fünf Beziehungen war, wieder lautstark zu fordern. Dieser Aspekt ist natürlich ein weiteres Beispiel dafür, wie wenig spezifisch konfuzianisch wichtige Grundzüge konfuzianischer Lehren eigentlich sind. Der Respekt vor dem älteren Bruder, ebenfalls in alten Texten vielfach erwähnt, wird in Ostasien gepflegt. Doch hat er zum Beispiel auch in der Türkei Tradition, und dort würde niemand auf die Idee kommen, ihn etwa analog zur konfuzianischen Prägung islamischer Provenienz zuzuschlagen. Loyalität gegenüber den Vorgesetzten wird in vielen konfuzianischen Texten als vorbildlich gepriesen. Doch sind Chinesen, das hat manches westliche Unternehmen schmerzhaft erfahren müssen, deshalb heute ihren Arbeitgebern gegenüber nicht loyaler als Europäer.

Was ist mit Harmonie und Menschlichkeit, dem Charisma, mit dem zu herrschen ist anstelle der Gewalt, was mit der Goldenen Regel, wohl den zentralsten Anliegen des Konfuzius? Zusammen ergeben sie sicherlich ein gut konfuzianisches Bild, doch wie weit sie wirklich in Ostasien wirken, das ist situationsabhängig. Beziehungen (*kuan-hsi*), ein Charakteristikum, das auf keiner Liste eines Verfechters der Konfuzianismusthese fehlen darf, sind in der Tat ein Element, das niemand vernachlässigen sollte, wenn er mit Ostasien zu tun hat. Wer dort integriert sein will, muß verstehen, wie einzelne Gruppen zusammenhängen, und versuchen, Teil eines solchen Geflechtes zu werden – doch gerade das ist eigentlich nicht als konfuzianisch zu bezeichnen, denn über Jahrhunderte richtete sich die konfuzianische Polemik gegen das Übel der «Parteiung» («tang», heute das Wort für die «Partei» im politischen Sinne), wenn sich auch in der späten Kaiserzeit die Meinung herausbildete, es könne auch gute Parteiungen geben. Die Stärke des konfuzianischen Beraters bestand vielmehr darin, daß er in der Lage war, seinem Herrscher oder seinem Widersacher «ins Angesicht zu widerstehen» und seine Sache notfalls ganz alleine zu verfechten, eine Fähigkeit, welche die gängigen Modelle eher dem individualistischen Westen und nicht dem angeblich kollektivistischen Osten zuweisen würden.

Gerade am Beispiel des Gegensatzes von «Kollektivismus»

und «Individualismus», der ja vielen interkulturellen Modellen zugrunde liegt, zeigt sich die Schwäche dieses Ansatzes: Zum einen ist der westliche «Individualismus», dem der östliche Kollektivismus gerne entgegengehalten wird, in der Tat ein Phänomen des 20. Jahrhunderts und darum nicht kulturell verwurzelt. Zum anderen ist im traditionellen chinesischen Schriftgut hundertfach verbürgt, daß der konfuzianische Literat mit seiner kritischen Loyalität zwar sein Denken auf das Allgemeinwohl zu richten hat, daß er sich aber damit in seiner Gesellschaft immer alleingelassen fühlt, weil seine Umgebung gerade das Gegenteil tut. Daher steht er allein da und muß, da er an das Wohl der Allgemeinheit denkt, oft gar sein Leben riskieren. Chinesen haben sich selbst zu Beginn des 20. Jahrhunderts als Individualisten gesehen, als sie nach Japan schauten – und darin einen Nachteil für ihr Land entdeckt. Sollte ausgerechnet im 20. Jahrhundert, da der Konfuzianismus aufgrund seiner reaktionären gesellschaftlichen Tendenzen stärker unter Beschuß stand denn je, das gesellschaftliche Umfeld in Ostasien plötzlich konfuzianisch, also immer auf das Kollektiv sinnend geworden sein, wo es dies vorher in der Perzeption des Konfuzianers nur bedingt war?

Zeremonielles Betragen? Auch dies erscheint nur bedingt tauglich für eine Definition des Begriffes «Konfuzianismus», denn es ist in Japan viel stärker ausgeprägt als in China, und schließlich war das Hofzeremoniell, das die ersten europäischen Gesandtschaften in China wahrnahmen, auch an europäischen Fürstenhöfen in erheblichem Maße ritualisiert. Ein ärgerliches Faktum ist zudem das konfuzianische Ressentiment gegen Kaufleute, mit dem häufig begründet wird, warum in Korea oder Japan Reichtum nur von Neureichen gezeigt wird, nicht aber von Gebildeten. Doch in Ostasien ist Reichtum mittlerweile durchaus gesellschaftsfähig, und die Chinesen im besonderen gelten allgemein als geborene Händler.

Der Begriff «konfuzianisch» ist in sich zu widersprüchlich, als daß er für eine Charakterisierung heutiger chinesischer oder gar ostasiatischer Verhaltensweisen taugen würde. Wo immer die Konfuzianismusdiskussion zu gesellschaftlich konkret wird, da ziehen sich die Verfechter der Lehren des Meisters K'ung auf abstraktere Themen zurück. So sollte eine Schlußfolgerung wohl sein, daß zwar einzelne der in dieser Studie geschilderten von konfuzianischen Denkern geäußerten Auffassungen sich in bestimmten heutigen chinesischen Phänomenen wiederfinden lassen, daß aber eine Charakterisierung der chinesischen Gesellschaft als «konfuzianisch» die Realität nicht treffen kann.

Hinweise zur Transkription

Die hier gewählte Umschrift ist diejenige von Wade und Giles. Erfahrungsgemäß stellen die vielen «q» und «x» der heute für nicht-wissenschaftliche Veröffentlichungen international weitgehend durchgesetzten Pin-yin-Umschrift für das nichtsinologische Publikum ein erhebliches Lesehindernis dar. Diese stehen für die Laute «tch» (Wade/Giles = ch') sowie «hs». Der in Pin-yin an vielen Stellen unnötigerweise durch «u» ersetzte ü-Umlaut, der an anderer Stelle wieder verwendet wird, und das «a», was einerseits für ein «ä» oder «e» steht, dann aber wieder für «a», sind ebenfalls störend. Ein «o» ist ein etwas stärker gerundetes «u» als der in anderen Silben verwendete Buchstabe «u», was dem sinologisch nicht vorgebildeten Leser aber kaum beizubringen ist. Lästig ist ferner, daß der Buchstabe «i» in Pin-yin sowohl für den echten «i»-Laut als auch für «ih» (wie «e» im deutschen «Schlange») gebraucht wird. Das initiale «j» von Wade/Giles ist in etwa identisch mit dem französischen «j» (z. B. in Jean), während «r», welches Pin-yin für denselben Laut anbietet, irreführend ist, da es keine europäische Sprache gibt, in der ein Äquivalent zu dem chinesischen Laut mit einem «r» geschrieben würde. Man benötigt ein Semester Sinologiestudium, um Pin-yin sprechen zu können.

Demgegenüber erscheinen die vordergründigen Nachteile von Wade/Giles als klein. Hier muß man sich nur merken, daß der Apostroph hinter den Lauten «p», «t» und «k» sowie hinter «ch» für die Aspiration steht («p'» ist also gleich «p», «p» dagegen als «b» zu lesen, k' = k und k = g, t' = t, ts' = ts und ts = ds, ch' = tch oder tsch, ch = dch oder dsch). Diese Schreibweise trägt der semantischen Verwandtschaft zahlreicher chinesischer Worte Rechnung, die mit ein und demselben Zeichen geschrieben werden und deren Aussprache nur durch aspirierten oder nicht aspirierten Anlaut variiert. Allerdings ist Wade/Giles hinsichtlich des auslautenden «ih» nicht ganz konsequent, denn das «u» in den Lauten «ssu» und «tzu» oder «tz'u» ist wie «ih» nach anderen Anlauten zu lesen.

Literaturhinweise

I. Quellen

Ariel, Yoav, *K'ung-ts'ung-tzu. The K'ung Family Masters' Anthology*, Princeton 1989.

Ariel, Yoav, *K'ung-ts'ung-tzu: A Study and Translation of Chapters 15–23 with a Reconstruction of the «Hsiao Erh-ya» Dictionary*, Leiden 1995.

Bary, William de (Hrsg.), *Sources of Chinese Tradition*, 2 Bde., New York 1960 und 1966.

Bary, William de (Hrsg.), *Sources of Chinese Tradition*, 2 Bde., New York 1999.

Biallas, Franz Xaver, *Konfuzius und sein Kult*, Peking und Leipzig 1928.

Chan, Wing-tsit, *A Sourcebook in Chinese Philosophy*, Princeton 1963.

Chan, Wing-tsit, *Reflections on Things at Hand. The Neoconfucian Anthology, compiled by Chu Hsi and Lü Tsu-ch'ien*, New York 1967.

Chan, Wing-tsit, *Neo-Confucian Terms Explained (The Pei-hsi tzu-i) by Ch'en Ch'un, 1159–1223*, New York 1986.

Chan, Wing-tsit, *Instructions for Practical Living and Other Neo-Confucian Writings by Wang Yang-ming. Translated with Notes, by Wing-tsit Chan*, New York und London 1963.

Couvreur, Séraphin, *Li Ki ou Mémoires sur les Bienséances et les Cérémonies: Texte Chinois avec une double Traduction en Francais et en Latin*, 2 Bde., Ho Kien Fou 1899.

Couvreur, Séraphin, *I Li, Cérémonial, Texte Chinois et Traduction,* Hsien Hsien 1916.

Friedrich, Michael; Lackner, Michael; Reimann, Friedrich, *Chang Tsai: Rechtes Auflichten*, Hamburg 1996.

Knoblock, John, *Xunzi*, 3 Bde., Stanford 1988–1994.

Köster, Hermann, *Hsün-tzu*, Kaldenkirchen 1967.

Legge, James, *The Chinese Classics*, Bd. I–V, zuerst erschienen in Hongkong und London 1861–1872.

Moritz, Ralf, *Konfuzius. Gespräche*, Frankfurt/M. 1983.

Tjan, Tjoe-som, *Po Hu T'ung. The Comprehensive Discussions in the White Tiger Hall*, 2 Bde., Leiden 1949 und 1952.

Wilhelm, Richard, *Kungfutse Gespräche, Lun Yü,* Jena 1923 (nachgedruckt bei Diederichs).

Wilhelm, Richard, *Kungfutse Schulgespräche, Gia Yü,* aus dem Nachlaß herausgegeben von Helmut Wilhelm, Düsseldorf und Köln 1961.

Wilhelm, Richard, *I Ging*, Köln 1973 (Nachdruck der Erstausgabe von 1923).

2. Weiterführende Literatur

Cheng, Anne, *Étude sur le Confucianisme Han, Élaboration d'une tradition exégétique sur les classiques*, Paris 1985.

Creel, Herrlee G., *Confucius, the Man and the Myth*, New York 1949, neu erschienen unter dem Titel *Confucius and the Chinese Way*, New York 1960.

Durrant, Stephen W., *The Cloudy Mirror, Tension and Conflict in the Writings of Sima Qian*, Albany 1995.

Elman, Benjamin A., *From Philosophy to Philology. Intellectual and Social Aspects of Change in Late Imperial China* (Harvard East Asian Monographs 10), Cambridge, Mass. 1984.

Elman, Benjamin A., *Classicism, Politics and Kinship. The Ch'ang-chou School of New Text Confucianism in Late Imperial China*, Berkeley 1990.

Ess, Hans van, *Politik und Gelehrsamkeit in der Zeit der Han – Die Alttext/Neutext-Kontroverse*, Wiesbaden 1993.

Fingarette, Herbert, *Confucius, The Secular as Sacred*, New York 1972.

Franke, Otto, «Das Konfuzianische System und sein Ende». In: *Zeitschrift für Missionskunde und Religionswissenschaft*, 44. Jg., 1929, Heft 3.

Gardner, Daniel, *Learning to be a Sage. Selections from the Conversations of Master Chu, Arranged Topically*, Berkeley 1990.

Gassmann, Robert, *Cheng Ming, Richtigstellung der Bezeichnungen. Zu den Quellen eines Philosophems im alten China. Ein Beitrag zur Konfuzius-Forschung*, Bern 1988.

Graham, Angus C., *Two Chinese Philosophers – Ch'eng Ming-tao and Ch'eng Yi-chuan*, London 1958.

Harbsmeier, Christoph, *Konfuzius und der Räuber Zhi: Neue Bildergeschichten und alte Anekdoten aus China*, Frankfurt/M. 1978.

Harbsmeier, Christoph, «Confucius Ridens. Humor in the Analects». In: *Harvard Journal of Asiatic Studies* 50 (1990), S. 96–108.

Hartman, Charles, *Han Yü and the T'ang Search for Unity*, Princeton 1986.

Hsiao Kung-chuan, *A Modern China and a New World. K'ang Yu-wei, Reformer and Utopian, 1858–1927*, Seattle 1975.

Kasoff, Ira, *The Thought of Chang Tsai (1020–1077)*, Cambridge 1984.

Kramers, Robert P., *K'ung-tzu chia-yü: The School Sayings of Confucius*, Leiden 1950.

Krieger, Silke, und Trauzettel, Rolf (Hrsg.), *Konfuzianismus und die Modernisierung Chinas*, Mainz 1990.

Levenson, Joseph, *Confucian China and its Modern Fate, A Trilogy*, Berkeley and Los Angeles 1958–1965.

Liu, James T.C., *China Turning Inward – Intellectual-Political Changes in the Early Twelfth Century*, Cambridge 1988.

Mc Mullen, David, *State and Scholars in T'ang China*, Cambridge 1988.

Mc Mullen, David, «Han Yü. An Alternative Picture». In: *Harvard Journal of Asiatic Studies* 49 (1989), S. 603–658.

Murray, Julia, «Illustrations of the Life of Confucius: Their Evolution, Functions, and Significance in Late Ming China». In: Journal of Asian Studies 55.2 (1996), S. 269–300.

Pines, Yuri, *Foundations of Confucian Thought: Intellectual Life in the Chunqiu Period, 722–453 B.C.E.*, Honolulu 2002.

Roetz, Heiner, *Konfuzius*, München 1995.

Schmidt-Glintzer, Helwig, *Das Hung-ming chi und die Aufnahme des Buddhismus in China*, Wiesbaden 1976.

Shimada, Kenji, *Die Neokonfuzianische Philosophie, die Schulrichtungen Chu Hsis und Wang Yang-mings*, übers. von Monika Übelhör, Berlin 1987.

Shimada, Kenji, *Pioneer of the Chinese Revolution: Zhang Binglin and Confucianism*, übers. von Joshua Fogel, Stanford 1990.

Shryock, John, *The Origin and Development of the State Cult of Confucius*, New York 1932.

Staiger, Brunhild, *Das Konfuzius-Bild im kommunistischen China*, Wiesbaden 1969.

Stumpfeldt, Hans, *Das Leben des Konfuzius. Bilder zu den Taten des Weisen*, Zürich 1991.

Tillman, Hoyt, *Confucian Discourse and Chu Hsi's Ascendancy*, Honolulu 1991.

Wallacker, Benjamin E., «Han Confucianism and Confucius in the Han». In: David T. Roy und Tsuen-hsin Tsien (Hrsg.), *Ancient China: Studies in Early Civilization*, Hongkong 1978, S. 215–228.

Wilhelm, Richard, *K'ungtse und der Konfuzianismus*, Berlin und Leipzig 1928.

Zeittafel

–ca. 1050	Dynastie Shang
ca. 1050–256	Dynastie Chou
722–481 v. Chr.	Frühlings- und Herbstperiode
551–479	Konfuzius
480–222	Zeit der Kämpfenden Staaten
289	Tod des Meng-tzu
ca. 300–235	Hsün-tzu
221–207	Dynastie Ch'in
214/13	Bücherverbrennung, Gelehrtenverfolgungen
207 v. Chr.–220 n. Chr.	Dynastie Han
	Opfer des Dynastiegründers an Konfuzius
um 150	Kompilation der Gespräche des Konfuzius
ca. 140–130	Errichtung der Kaiserlichen Hochschule; Einsetzung von Doktoren für die Fünf Kanonischen Schriften; erste Biographie des Konfuzius im Werk des Ssu-ma Ch'ien
1. Jh. v. Chr.	Himmelsopfer; Belehnung der Nachfahren des Konfuzius
1. Jh. n. Chr.	Beginn der staatlichen Verehrung für Konfuzius
2. Jh.	Privatgelehrsamkeit, Kommentare des Ma Jung und des Cheng Hsüan
176	Erste Steinklassiker
Ende 2. Jh.	Kompilation des K'ung-tzu chia-yü
220–581	Reichsteilung, buddhistisch und taoistisch beeinflußte Dynastien; Konfuzianer in der Auseinandersetzung mit den zwei Religionen
618–907	Dynastie T'ang
619	Bau eines Konfuziustempels in der Hauptstadt; seitdem Ausbau des Konfuziuskultes
574–648	K'ung Ying-ta verfaßt Subkommentare zu den kanonischen Schriften; massiver Ausbau des Prüfungswesens
767–824	Han Yü
860–1279	Dynastie Sung
11. Jh.	Ausbau des Buchdruckes; Reformen des Wang Anshih, Gegenspieler Ssu-ma Kuang; die Fünf Meister des Neokonfuzianismus: Chou Tun-i, Shao Yung, Chang Tsai , Ch'eng Hao und Ch'eng I

1127	Verlust Nordchinas an die Dschurdschen
1136	Annalenkommentar des Hu An-kuo
1130–1200	Chu Hsi; die *Vier Bücher* (Lun-yü, Meng-tzu, Chung-yung und Ta-hsüeh) werden Ausbildungstext
13. Jh.	Sieg der Ideen des Chu Hsi; Aufnahme des Chu Hsi in den Konfuziustempel, seine Auslegungen der kanonischen Schriften werden Prüfungsstandard
1280–1367	Dynastie Yüan (Mongolen)
1368–1644	Dynastie Ming; volkstümliche Verehrung des Konfuzius, *Bilder zu den Taten des Weisen*
1472–1529	Wang Yang-ming
1530	Konfuzius verliert seinen Ehrentitel als «König».
1644–1911	Dynastie Ch'ing (Mandschuren)
18. Jh.	«Han-hsüeh»: Textkritische Studien zu den kanonischen Schriften
1727	Feier des Geburtstages von Konfuzius
1894/95	Sino-japanischer Krieg
1898	100-Tage-Reform; K'ang Yu-wei fordert, den Konfuzianismus zur Staatsreligion zu erklären.
1912–1949	Chinesische Republik
1915	Gründung der Zeitschrift «Neue Jugend»; antikonfuzianische Aufsätze des Ch'en Tu-hsiu
1919	«4. Mai-Bewegung»; Phase des Ikonoklasmus
1949	Sieg der Kommunisten auf dem chinesischen Festland; Diskussion über die gesellschaftliche Rolle des Konfuzius
1966–1976	Kulturrevolution
1973/74	Kampagne «Kritisiert Lin Piao, kritisiert Konfuzius»
1984	«Rehabilitierung» des Konfuzius
seit 1990	Debatte über die «asiatischen Werte»

Register mit Glossar chinesischer Begriffe und Texte